中西女中时期的顾圣婴

顾圣婴与父亲顾高地、弟弟顾握奇摄于上海某公园

童年时的顾圣婴

顾圣婴与母亲秦慎仪、弟弟顾握奇的合影

顾圣婴荣获第十四届日内瓦国际音乐比赛女子钢琴最高奖

顾圣婴在比赛中演奏

参赛演奏于莫斯科学院大厅

20 世纪 50 年代时的顾圣婴

在香港丽宫酒楼告别会上合影，后排左起：顾圣婴、刘诗昆、周广仁

顾圣婴与钢琴家周广仁留影于香港

顾圣婴与作曲家严金萱留影于香港

顾圣婴在澳门告别酒会上即兴演奏

1962 年 9 月，顾圣婴在广州南方戏院演奏

顾圣婴、李名强赴波兰参加肖邦钢琴比赛前与克拉芙琴柯合影

顾圣婴与小提琴家俞丽拿合影于香港

1979 年 1 月顾圣婴骨灰安放仪式现场

原上海交响乐团团长、指挥家黄贻钧致悼词

顾圣婴骨灰盒（骨灰盒为空盒）

1988 年，顾圣婴的恩师，俄罗斯人民艺术家、钢琴教授克拉芙琴柯专程到上海拜会顾圣婴父亲顾高地并参观顾圣婴纪念堂（左起：顾高地、克拉芙琴柯、蔡蓉增、李名强）

顾圣婴生前所用过的立式钢琴与节拍器

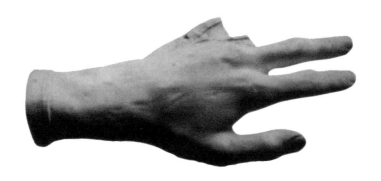

顾圣婴访问波兰时，波方为表彰顾圣婴演绎肖邦钢琴作品的突出成就，特别赠送给顾圣婴一尊肖邦左手的石膏模型（残缺部分为"文革"时期所损坏）

缺失的档案

顾圣婴读本

顾圣婴 著　曹利群 编

漓江出版社
桂林

图书在版编目（CIP）数据

缺失的档案：顾圣婴读本／顾圣婴 著；曹利群 编. —桂林：漓江出版社，2017.7
ISBN 978-7-5407-8096-8

Ⅰ. ①缺… Ⅱ. ①顾… ②曹… Ⅲ. ①顾圣婴（1937-1967）－人物研究
Ⅳ. ①K825.76

中国版本图书馆 CIP 数据核字（2017）第 109978 号

出版统筹：吴晓妮
责任编辑：周向荣
封面设计：李诗彤

出版人：刘迪才
漓江出版社有限公司出版发行
广西桂林市南环路 22 号　邮政编码：541002
网址：http://www.lijiangbook.com
全国新华书店经销
销售热线：0773-2583322

北京汇瑞嘉合文化发展有限公司
（北京市经济技术开发区荣华南路 10 号院　邮政编码：100176）
开本：880mm×1 230mm　1/32
印张：8.125　插页：8　字数：150 千字
2017 年 7 月第 1 版　2017 年 7 月第 1 次印刷
定价：39.80 元

如发现印装质量问题，影响阅读，请与承印单位联系调换。
（电话：010-67817768）

目　录

顾圣婴钢琴独奏曲音频目录

（使用微信扫二维码即可聆听）

序
被背叛的遗嘱

人们不再纪念她之日

2010 年初夏,在上海见到《中国钢琴诗人——顾圣婴》一书,随书附有根据当年顾圣婴演奏录制的两张唱片。看了一下出版日期,竟是 2001 年,上海音乐出版社出版的,印刷了 5000 册。总顾问是原中央音乐学院副院长赵沨,主编周广仁,副主编里有鲍蕙荞的名字,想来这些钢琴界的名人大家是认得的。可是上个世纪五六十年代的钢琴家顾圣婴,恐怕知者寥寥。当年,她的名字可是十分受人瞩目的。也不过是半个世纪的光景。上个世纪 80 年代初期,"顾圣婴全家自杀事件"之谜还被人们挂在嘴边,渐渐则少有人提及。更何况那个年月,自杀并不是"艺术圈"内才有的特殊事件。顾圣婴,一个被历史遗忘的角落。

书里尽是当年的师长、好友、同行散落的记忆片段,关于顾圣婴的各种不同表情始终逃不过两个主题:她是百年难遇的钢琴天才;1967 年她携家人饮恨离世。从书里得知,顾圣婴的父亲顾高地因潘汉年案获罪二十年,出狱之后,方知妻子儿女三人早已在"文革"初期自杀身亡。饱受磨难而从未被击倒的坚强父亲竟一夜白头,他四处搜集关于女儿的遗物:钢琴、乐谱、节拍器、奖状、日记、照片……简单地布置了一个顾圣婴纪念室,日思夜念地守着。

合上书本,下意识地看了一下日期,恰逢顾圣婴 73 冥寿,忽然觉得有责任给顾圣婴写点什么,也很想找人问问这个纪念室在哪里,了却拜祭的心愿。但问了音乐界一圈人也没有下文,包括贺绿汀的秘书、上海音乐学院的老书记孟波也是语焉不详。顾圣婴家所在的愚园路老洋房早已成了"七十二家房客",顾高地在落实政策后,也没有住在那里。有人透露,顾高地在后来住的地方的确搞了一个纪念室,里面有一架顾圣婴用过的旧钢琴,一些旧谱子,以及放在玻璃柜里的顾圣婴的一些照片。最有价值的是一具肖邦的石膏手模(是肖邦临死时翻制下来的)。当年顾圣婴弹奏的肖邦颇得国际同行的认可,为此波兰政府专门复制了手模奖励给顾圣婴。顾高地在 1990 年去世,他出狱后住在哪里也是无人知晓。最终在《中国钢琴诗人——顾圣婴》那本书里找到了一些线索,一位名叫蔡蓉增的女士出于对顾圣婴的仰慕,撰文讲述顾圣婴的遭遇,传播顾圣婴的故事,在顾高地出狱后自愿无偿照料十一年,直到老人去世。顾高地也将蔡蓉增认作义女。想必蔡蓉增应该知道纪念室的下落。随着顾高地的离去,她成了这个纪念室的唯一知情者,我们仅存的一点希望。

寻访遗嘱继承人蔡蓉增

1988年3月,顾圣婴仅存的直系亲属即父亲顾高地立下遗嘱:"……我所有一切遗物概由义女蔡蓉增继承,现住兴国路41弄2号楼303室寓所由蓉增继承居住,并在此设置顾圣婴纪念室,保存圣婴所遗全部文物。"这个线索让人有点兴奋,一切总算有了下落。

兴国路41弄2号楼303室,顾高地出狱之后的栖身之所,现在蔡蓉增的家。在楼下按了几次303室的门铃,无人答话。难道人不在家?找到门房说明来意,一位女同志帮我们打开了楼门,一面说,这家的男人有糖尿病,一般不出门的。上楼来站在303室门前,敲门后竟有些不安。一个年近七十的男人出来应门,从微微打开的门刚刚能够看清他的脸。门缝里飘出一丝闷热潮湿的空气,那是上海不常通风的房间常有的腐败气味。老人带着不解的表情问:你们找谁?

在确认此处是蔡蓉增的住家之后,我们尽可能诚恳并简短地说明来意。老人还算平和的表情掠过一丝犹豫,他先是斩钉截铁地否认有纪念室的存在,之后用手轻叩自己的脑袋说:"她这里不清楚了,顾的事情对她打击很大。"老人说的"她"指的就是蔡蓉增,这是我们上楼前完全不曾料到的景况,难道这就是顾老爷子临终前留下的最后也是唯一的希望?我们僵持在门口不愿罢休,哪怕能见上一眼顾圣婴当年用过的东西也好。半推半就的当口,老人几乎做出让步。就在将要挤进门口之时,屋子里飘出一个声音:"谁找蔡蓉增啊?……他不代表我,你们要找的人是我……"说话间，一个身材不高、头发蓬乱的女人出现在眼前。女人形容枯槁，惨白的睡裙斜搭在肩上，下摆一直垂到脚踝，两只骨瘦如柴的脚蹭着地面挪了出来。虽然比照片上老了很多，但依然可认。看上去多日不见阳光的蔡蓉增，红肿的眼睛眯缝着，指着身边的老头说，"这个男人跟我没有关系，十几年了，他一直把我关在房间里不让我出来，打我，折磨我……"，说着一边伸出手来。那手上的确有伤，这让我们更加大惑不解。"你们想要得到顾圣婴的东西，有律师的授权吗？"她继续说："要想得到顾圣婴的(东西)也可以，我告诉你们，去找联合国秘书长安南，我已经把版权委托给他了。安南你们知道吗，那是全世界被压迫兄弟姐妹的兄长啊……当然现在不在他那里了，已经转交给了潘基文，你们明白吗？"就在我们以为蔡蓉增的精神没有问题的时候，她终于语无伦次了："可是，它们都被潘多拉的魔盒收走啦，收走了……"她口称和她没有任何关系的男人一直站在旁边一言不发，怔怔地看着我们。(当然，无法确认他是蔡蓉增的丈夫。)见此情形，我们估计不会有其他结果，加上担心蔡蓉增会发病，只好草草安慰她几句，转身下楼。

遗嘱引发的侵权案

男人所说对蔡蓉增的巨大打击，应该是七八年前蔡蓉增两次上诉状告《中国钢琴诗人——顾圣婴》一书的出版者和编纂者侵权的案件。在上诉过程中，蔡状告出版者借用顾圣婴的一些珍贵资料未完整归还，并在未征得其同意的情况下私自使用出版，包括顾圣婴生前的照片、日记以及获奖证书等。更惊人的一条罪名是，蔡本人曾为顾圣婴写了八万多字的传记手稿《钢琴诗人——顾圣婴》未发表,她认为现在出版的《中国钢琴诗人——顾圣婴》一书是对其手稿的抄袭。蔡蓉增在一审败诉的情况下,于隔年第二次上诉,结果依然是在一系列"证据不足和证据不实"面前败下阵来:

2003年3月11日,上海市高级人民法院的民事判决书最终认定,《中国钢琴诗人——顾圣婴》编委会在书中使用顾圣婴生前照片、演奏笔记、日记、书信事先是征得蔡蓉增许可的,不存在擅自编入该书的事实;顾高地虽将其一切遗物及顾圣婴演奏作品的著作权等指定由蔡蓉增继承,但该遗嘱并未明确将涉及顾圣婴生前照片、演奏笔记、日记、书信等其他作品的著作权指定由蔡蓉增继承,故蔡蓉增关于其享有对该作品的著作权的主张缺乏事实依据。法院终审判决蔡蓉增败诉,虽然一审判定赔偿给她1万元版权补偿费用,但两次诉讼费(6000多元)由蔡蓉增承担。

这个案件的权责认定简单清楚,但是蔡蓉增在其中的表现却有些过激与匪夷所思。我们不知道从判决书的宣判到2010年的七年中,蔡蓉增和出版者、编纂者之间到底发生了什么事情,但兴国路蔡蓉增寓所拜访所见,显然最终的判决结果对蔡蓉增造成了一定程度的伤害。有一些事实不可否认:顾高地弥留之际,念兹在兹地建立顾圣婴纪念室的事情最终成为泡影,蔡蓉增饱蘸血汗撰写了八万字的《钢琴诗人顾圣婴》至今没有出版,包括顾圣婴的日记、演奏笔记、书信和录音制品(不知是否有录像)的整理出版事宜自然也就遥遥无期。原告、被告双方是两败俱伤。

蔡蓉增原本并不是一个"疯言疯语"之人,毕业于复旦大学中文系的她,1989年被聘为华中师范大学中国古代文化研究中心的特邀研究员。1988 年,指导过顾圣婴的俄罗斯专家克拉芙琴柯拜会顾高地先生的时候,就是在兴国路现在蔡蓉增的家里。在《钢琴诗人》所收的我们见到的照片中,她静静地坐在顾高地先生的旁边,和陪同苏联专家前来的李名强教授观看顾圣婴的遗物。谁曾想二十多年后,蔡蓉增竟然成了这副模样!是谁辜负了顾高地老先生的遗嘱,是谁使得顾圣婴纪念室消失得没有踪影?是谁让顾圣婴的声名渐行渐远、消逝在历史的风中?

怀念顾圣婴其人其事

上海愚园路 1088 弄 103 号,是顾圣婴的娘家[1],如今早已经物是人非。当年,互为近邻的傅家和顾家是通家之好,傅雷为顾圣婴补习文学,还给她介绍过钢琴老师。"文革"中傅雷夫妇的死,无疑给了顾圣婴和家人自我了断的暗示。据顾育豹先生回忆,1967 年 2 月 1 日,愚园路 749 弄的原区中心医院,凌晨三点左右,救护车呼啸而来,抬下来三副担架。脏兮兮的帆布担架,放在急诊室的地上,担架上两女一男,已经气息全无。男的抬进来的时候,右手不合常理地前伸,很触目。天很冷,没多久,人就呈僵硬状态。有人认出了躺在担架上的是钢琴家顾圣婴。片刻,医生写好死亡鉴定,三副担架由护工推到太平间。死亡的三个人是,顾圣婴的妈妈秦慎仪、顾圣婴和弟弟顾握奇。直到 2 月

---

1 据顾圣婴表妹吴慎德回忆,愚园路 1088 弄宏叶花园是连体别墅,外公外婆租赁了 103 号。姨夫(指顾高地)一家原先住在兆丰别墅,1955 年姨夫含冤入狱,大姨她们仍住在那里。1958 年顾圣婴和母亲、弟弟才搬到愚园路 103 号,直到去世。另外一个说法,据陈思博女士回忆说,顾圣婴的妈妈结婚后住在愚园路 1355 弄 73 号,后来搬到 1088 弄。

1 日清晨 7 点多钟,家人才得到医院和派出所的通知,连忙赶到
龙华殡仪馆,有关方面把三具尸体推出来停在走道里,让家属看
了一眼,之后就推进去火化了。公安局的人还特意嘱咐家人要
对外封锁消息,不能说是自杀的,而要说是不小心煤气中毒。不
知上海交响乐团有没有人到场,但顾圣婴成为批斗对象,公安局
方面显然是了解情况的,因此才会有这种欲盖弥彰的做法。那
一年,才华横溢的顾圣婴还不足 30 岁。"阖家玉碎,满门灭绝,
岂'惨烈'二字所能尽言?以赤县之广,竟无一隅容顾圣婴藏身;
以国人之稠,竟无只手援顾圣婴逃生。"(赵越胜《若有人兮山之
阿》)

　　"文革"初年的上海,文艺界里的音乐界是遭受迫害的重灾
区。上海交响乐团的"文革"受难者,除了顾圣婴,还有指挥家陆
洪恩,他在"文革"初年因"反对"姚文元的文章而被捕,1968 年
4 月 28 日被判处死刑枪毙。(他是"文革"中在上海第一个被处
决的高级知识分子。)乐团的中提琴家周杏蓉也受到迫害,在
1968 年秋天自杀身亡。上海音乐学院在"文革"中有十七个人
"非正常死亡":以死抗争的有上海音乐学院的教授杨嘉仁和妻
子程卓如(上海音乐学院附属中学副校长),夫妻二人被批斗后,
先是吞服了安眠药然后开煤气自杀。钢琴系主任李翠贞 1966
年开煤气自杀,音乐理论家沈知白 1968 年自杀,管弦系主任陈
又新 1968 年跳楼自杀……当这些教授们被"斗争"时,不但遭到
红卫兵的殴打,而且被强迫和其他被"斗争"的教员互相殴打。
红卫兵命令"牛鬼蛇神"们站成两排,打对面的人耳光。如果不
打或者敷衍了事,就会被红卫兵加重处罚。回想起那场史无前
例的浩劫,老资格的合唱指挥家、教育家马革顺说:"那时有一个
学生来外调的时候,我回答一句,他不满意,马上就打耳光。而

且平常你站在那里，很多人在后面踢你，把你踢倒，这都是很普通的事情。"如此的白色恐怖，在上海的"一月风暴"中也是令人发指的。中央音乐学院的造反派来沪串联后感叹地说，我们学院怎么一个自杀的都没有呢。

那个时代，一个人自杀以后，他们所在的单位非但不会放弃对他们的批判，反而会给他们扣上"畏罪自杀"的帽子，让他们罪加一等。巴金先生回忆说："当时大家都像发了疯一样，看见一个熟人从高楼跳下，毫无同情，反而开会批判，高呼口号，用恶毒的言词攻击死者。"

顾圣婴出生于上海一个书香之家，父亲顾高地是爱国将领，曾任十九路军军长蔡廷锴的秘书；母亲秦慎仪是原上海大同大学外国语言文学系高才生。早慧的她5岁即入开设钢琴科的上海中西小学，自三年级起获历届比赛第一名。她先后师从邱贞蔼、杨嘉仁（李斯特的再传弟子）、李嘉禄（20世纪40年代末就在美国各地巡演，回国前曾接到美国许多大学的聘书）教授。她还跟从马革顺学理论，从沈知白学音乐史，文学则受惠于傅雷。顾圣婴自幼所受的音乐教育和钢琴训练，其系统性和纯粹性在那个年代是绝无仅有的，她纯正的"血脉"和少有的天赋造就了一个无可替代的钢琴天才。那个年代，国内以自学成才为主的其他钢琴家均不可与之同日而语。1953年，16岁的她开始登上音乐舞台，与上海交响乐团合作演奏肖邦《f小调第二钢琴协奏曲》大获成功，第二年即担任上海交响乐团钢琴独奏演员。1955年后，师从苏联著名钢琴家塔图良和克拉芙琴柯，使她的眼界大开，琴艺日渐精进。在莫斯科中央音乐学院学习时，克拉芙琴柯说："顾在每一堂课上都以自己的成绩使我感到惊讶。她每天弹奏10到12小时，一年学会的作品，比我国音乐学院用功的学生学会的乐曲至少多一倍。"

　　上个世纪五六十年代,业界称傅聪、刘诗昆、顾圣婴、李名强、殷承宗为"中国钢琴五圣手"。除了傅聪,其他四人在国内外也是名噪一时,获奖频多。顾圣婴更是风骚独领。1957 年,19岁的她在第六届莫斯科国际青年联欢节钢琴比赛中荣获金奖,这是新中国成立以来,中国人在国际音乐比赛中夺得的第一个金奖,四十多位评委一致认为她的演奏堪称奇迹。1958 年 10月,她又在高手云集的日内瓦国际音乐比赛中荣获女子钢琴最高奖(钢琴家波利尼获男子钢琴最高奖),西方音乐界反响强烈,瑞士国家电台、电视台分别向全欧洲转播了颁奖音乐会的实况。1964 年,她在比利时伊丽莎白皇太后国际钢琴比赛中再次获奖。匈牙利的评论家说:"她给贝多芬的乐曲注入了魅力和诗意,在听众面前表现了巴赫的严肃、舒曼的丰富和德彪西的澄明和优美。"保加利亚的评论家说:"她的演奏着重诗意和发自内心的感受……肖邦的乐曲在她的手下呈现出不可再现的美。"更有国际权威评论称她是"天生的肖邦演奏家,真正的钢琴诗人",是"高度的技巧和深刻的思想性令人惊奇的结合"。她手下的肖邦温婉秀丽,自然流畅,像刮过春天的风一般轻盈而富有诗意。那是内心的歌吟,仔细听来,琴声里裹挟着优柔哀怨,令人悠然远思。波兰艺术家取自病榻上的肖邦的石膏手模,波兰政府将其作为最珍贵的礼物送给在国际钢琴大赛中获得最高奖的选手,顾圣婴获此褒奖,可见她在肖邦故乡的被认可程度。带回这件珍贵的礼物,想必她一定是将它放在一个很稳妥的、随处可见的地方。这只不会言语的"手"以它的存在,触动着屋内永远澄明的目光。

　　顾圣婴的演奏风格有着强烈的个性,既有激越的浪漫诗情,又有端庄含蓄的魅力。用刘诗昆的话说,顾圣婴的钢琴风格是"轻功",秀丽澄明的音色,轻巧快速的触健技巧,明快利落,宛如珠走玉盘。她周围的人,无论老师同学,同事朋友,提起她的为人都是众口一词的称赞:家教之优雅,人品之谦逊,天资聪颖,才华出众,拼命三郎般忘我的精神……她身上有太多的美好、光明、纯洁,但在黑暗的年代里,这一切却成了被侮辱、被损害、被抛弃和被碾碎的正当理由。

私密的温暖

在肖邦诞辰 200 周年的日子里,那么多璀璨的明星开演奏会,录制出版了叠床架屋的唱片,唯独把顾圣婴遗忘在历史的灰尘里。讽刺的是,她曾以弹奏肖邦震动世界琴坛,她视之为生命的"肖邦手模"在批斗中被摔碎后成为"刺杀"她的匕首,直接将其送上一条不归路。

今天的年轻人自然无法想象顾圣婴生存的那个年代。她虽然不是上帝赐给我们的艺术宠儿(很多人根据她的名字,望文生义地以为她自幼受的是教会学校的教育,此乃误解),但也是难得一遇的才华少女。然而 1955 年父亲的遭遇给她的生活蒙上了一层厚重的阴影,她那种对钢琴的痴迷和拼命三郎式的工作方式,不光是人格的要强,也是内心郁闷的发泄。不明就里的人往往以为她只是个"工作狂"。已经逝世的指挥家李德伦在 2000 年怀着一种痛惜之情回忆过几件事:

> 我认识顾圣婴是在 1956 年,那时上海交响乐团来北京演出……感觉她很文气,也很瘦弱。当时北京很

热,又下雨,顾圣婴显然生活上不习惯,她吃不下饭,睡不好觉,不弹琴的时候,她看起来就像一个病人,面色苍白地坐在那里,可一弹琴,她就像换了一个人似的,那种力度和节奏让人惊讶不已……1957年,顾圣婴去莫斯科参赛,我当时在莫斯科留学,每天都从学校往中国代表团的驻地跑,我发现,顾圣婴原来是个拼命三郎,她练琴一般从早晨开始,一直练到下午,中午不吃饭……我对她说,小顾你这样不行呀,不吃饭怎么行,但她不听我的,依然没日没夜地练琴。我没有办法,只好拉她出去吃饭,或者买好饭给她吃。但饭常常是搁在那里凉了……

今天来读李德伦先生的文字,可见他不谙顾圣婴的心绪。除了演出和比赛的压力,父亲的事件一直是真正压在她心头的一座大山。而忘我的工作恰恰可以让内心的压抑得到心理的转场。当然,政治上的积极向上,靠近组织,也是企图卸掉"原罪"的包袱。于是,除了正常的演奏会,她也尽量参与到社会活动中去,以她的真诚为工农兵群众演出。有时春节慰问解放军一天演出3场,每天只睡4—5小时,但她咬牙坚持,始终精神饱满地演奏战士们喜欢的曲目,如同她下厂为工人们演出一样。当所有的一切换来的是一记粗暴的耳光时,对人性的信仰瞬间崩塌。一个冰清玉洁的女子还能有什么其他选择?加缪说过:"人选择自杀,是觉得生活不值得一过,生活没有了意义。"

包括顾圣婴在内,许多优秀的人在"文革"中选择了自杀,面对一个"只有不义却没有对它的抵抗"的黑暗年代,人的绝望是可想而知的。阿伦特说:"当人们被剥夺了公共空间时,他们就

（可以）撤离到思想的自由中。"（见《黑暗时代的人们》）。但这样的情况在当时当地的中国，却微乎其微。公共空间占领了个人空间的最后一块领地，没有隐私，没有喘息，没有一丝一毫的后退可能。所谓覆巢之下无完卵，人们将在哪里居住？女钢琴家似乎别无选择。

然而说到底，自杀是个个人问题。也有在"文革"中遭到迫害的人选择了坚韧不屈，一天天熬过了漫长的严冬。某些有独立思想的知识分子在逆境中也许可以采取韬晦之策，拓展自我的思想空间，在监狱、下放劳动的干校、农村，他们利用一切手段积蓄思想的能量，实现着人格的自我完善。顾圣婴不同，她只是个钢琴演奏家，和许多艺术家一样，他（她）们思想单纯，懦弱善良，即便是被人陷于不义，也力图向主流意识形态靠拢，一心希望得到组织的承认，力图跟上所谓时代的步伐。如若所有的努力在残酷的现实面前被打得粉碎，心理失去平衡，精神无所依傍，这些没有"自己的"思想空间可以退守的人，这些纤弱优美的灵魂的命运，正如暴风雨中的枯叶摇摇欲坠。

此时的顾圣婴还可以与谁相依在危难中？

父亲。那个从小循循善诱的慈父，在女儿最需要他的时候却身陷囹圄，远在天边。父亲被从家中带走的那天起，父女二人就已经从精神上相依为命。据顾高地回忆："这天外飞来的横祸，把我们全家都吓呆了……我对女儿圣婴说，'你要好好练琴……爱国家，爱人民'。当时女儿沉坐在椅子上，一听完我的话，她站了起来，神情忧郁而悲愤地望着我说：'爸爸，我爱国家，也爱爸爸。'"此时此刻，父亲知道圣婴的境遇吗？家庭中，没有工作的母亲，辍学待业的弟弟，他们都是弱者，整个家庭的生活负担落在年轻的顾圣婴肩头。在可以看到的顾圣婴的文字中，所有的话题大都围绕着钢琴和与之相关的人和事，连出国比赛期间写回国内的信件里，对母亲和弟弟也只字未提。有知情者透露，坚忍的顾圣婴有时候也免不了唠叨几句家里的琐碎，难道自父亲坐了监牢以后，家里也慢慢冷却了曾经的温度？随着"文革"的到来，"在几乎所有官方的高调言辞和空话的遮蔽下，一切公开领域的功能全部丧失，当这光亮被熄灭后，黑暗就降临了"（阿伦特语）。暴风雨来临之际，高压的策略使得人人自危，师友们也都自顾不暇。接下来发生的事情是人所共知的：批斗会上的口号、口水、污蔑、攻击，以及人身侮辱，最后是自我了断。

难道残酷的现实面前真的没有一丝光亮了吗？阿伦特说过："人们在这些黑暗时代里是多么强烈地渴望着彼此靠得更近，在这种私密的温暖中寻求光明与启明的替代品。"阿伦特所说的"私密的温暖"其实无时无刻不存在着，凡黑暗年代，就一定有私密的温暖存在。据中央音乐学院指挥系黄飞立教授回忆，"文革"时期他被打成黑帮后每天打扫厕所，即使在这样的处境中，他仍然认真把每一座教学楼的厕所打扫得干干净净。一位名叫黄日照的好友知道黄飞立喜欢喝咖啡，便冒着危险偷偷给他送咖啡。为掩人耳目，黄日照用两个面盆罩着一杯咖啡送到厕所里，并在厕所门口为他望风。高级工程师胡果良的父亲在"文革"中也有过类似经历。据他回忆，1966年冬季寒冷的一天，父亲穿着冰冷的胶鞋在码头上扫雪。一位老工人偷偷给父亲一双棉鞋，让父亲终生难忘。那些被打成反动分子、戴高帽子游街示众、威望尽失颜面扫地的人，当更多的人避之唯恐不及的时候，一杯咖啡，一双棉鞋，哪怕一个看似不经意的微笑，都会使他们在绝望无助的日子里有了活下去的勇气。凡读过《中国钢琴诗人——顾圣婴》那本书的人，也一定被"私密的温暖"的热度滚过。当年和顾圣婴交情甚笃的殷承宗回忆说，1967年初，顾圣婴返回上海前一日，两人在中央音乐学院殷承宗的宿舍促膝长谈了整整一天。谈到创作，谈到《南方来信》《纺织女工》等越南的音乐小曲。"记得那天特别寒冷，零下20度，我们在厨房里开煤气取暖，但我们谈得很热烈，并且充满信心。她离去时，我把全套下乡用的棉衣棉帽都让她穿戴走了。这是我们的诀别。她回去不到一个星期就不幸去世。"殷承宗非但不怕担嫌疑惹祸上身，奉献物质上的温暖，还给了顾圣婴以精神上的砥砺。殷承宗相信顾圣婴会跟随他搞京剧创作，"虽然压力很大，但我们决不放弃，这是我们的志向"。那个年代，火车上没有暖气，冷是可想而知的。南去的列车上，我们不知顾圣婴是否穿着挚友雪中送炭的棉服，无论穿与不穿，身体的温度都是热的，冰冷的心里更融进了暖意。回到上海，如果能有更多如此这般"私密的温暖"——也许一个眼神，一个招呼，一次握手，一次交谈——说不定会给悬崖边的顾圣婴一个回转的空间。

人的"死"常是一念之差。

事实上，历史也见证了私密的温暖的缺失，记录了远害避祸的场面。同样是最后一面，却显得格外凄清。李嘉禄先生回忆道："1967年1月31日下午，(顾圣婴自杀当天)在淮海路上我远远看到顾圣婴在马路那一侧低着头缓缓地走来，她步履沉重，完全没有往日那种轻松、爽朗的样子。我心里一怔，很想走过去问她一声，但一转念，当时自己也得随时汇报，圣婴处境也许正和我一样，因此踌躇了好一会，没有走过去。"然而第二天上午却传来顾圣婴弃世的噩耗，李先生痛惜无比。很多年后，只要一提起此事他都悔恨不已。顾圣婴弟弟顾握奇的一个同学也回忆道："依稀记得动乱初的一个初冬的黄昏，我去亲戚家借债购粮，路过淮海路国泰影院,蓦地与顾(握奇)迎面碰上。见他头发零乱,脸色惨白。双方不敢多言,寒暄几句即分手。谁知这是我和他生前最后一晤。"我们无苛责他人的权利,更无意怪罪谁。那样一个危情时刻,谁也没有挽狂澜于既倒的超拔能力。只是叹息,在极端黑暗面前,为什么亮起一点"私密的温暖"如此之艰难,为什么温暖失去了本应有的热量与力度?

1967年的冬天是非常寒冷的,见到过中央音乐学院从院长到各个系主任的权威们一个个成了"资产阶级反动权威",目睹了高个子的青年钢琴家刘诗昆在武斗中被打得头破血流,隐约听到沪上顾圣婴的死讯。有关批斗顾圣婴当天的情况,相关的人大都不愿意重提当年的往事。一次讲座后,上海交响乐团爱乐者协会一些年近古稀的老人欲言又止地透露了一些情况。包括顾圣婴被谈话的屋子,团里谁去抄了顾圣婴的家,拿走了顾圣婴的录音机,到现在也不退还,也不认账。

而批斗事件经过多方探访方才有了并不完整的拼图:1967年1月31日,湖南路上海交响乐团的造反派(不知派别的名称,那个年代,一个基层单位会有多个所谓造反派组织)把顾圣婴揪到排练大厅的舞台上,当着乐团全体人员的面,揪住她的头发,强迫她跪在领袖像前"请罪"。一个"壮汉"上去打她耳光,有人把痰盂扣在她头上。这样的事发生在别人那里也许不一定酿成悲剧,但顾圣婴不行,她的水晶般的纯粹是染不得半点纤尘的。

很多顾圣婴的师友在纪念文章里对那个年代进行了谴责,对钢琴诗人的意外死亡表示惋惜。死亡纵有千般面孔,死亡总有万种理解,我们却总在考量着值得与不值得。其实这也不是死者的问题,而是死亡留给生者的困惑。一个女钢琴家的弃世,今天看来,也许是正当其时。想想看,上个世纪五六十年代那批出色的钢琴家,刘诗昆、李名强、殷承宗、鲍蕙荞,在经历了那个黑暗年代以后,哪个找回了自己的艺术青春?他们的艺术生命在风暴来临的那天就宣告结束了,这是不争的事实。"当世界被粗暴地卷入一种在其中不再有任何持存性的运动之中时,对人或终有一死者的需要而言,世界就变得非人性化和不宜居住了。"(阿伦特《论黑暗时代的人性》)既然是非人的世界,不宜居住,走便是了,一了百了。苟延残喘也是活受罪,就像明朝的李贽面对恶劣的生存环境所说的那样:"今年不死,明年不死,年年等死,等不出死,反等出祸。"自杀不是怯懦,亦不是因为抗争失败。有时候,自杀往往成为最后的抗争,更何况是一家三口的共同行为。顾圣婴之死就是她最有力的抗争,虽然只是她一生唯一的抗争。

湖南路 105 号上海交响乐团旧址。还是那个三层小楼,枝叶婆娑的梧桐密密匝匝地挡住了历史的视线:无法分辨顾圣婴是在哪个房间里被批斗的,难以想象管弦键盘之声如何被口号声叫骂声打耳光声所替代。上前打听顾圣婴的有关事宜,回答你的是茫然的眼神和事不关己的敷衍。在顾圣婴诞辰的日子里,除了牵挂者的孤独寻访,还有谁会想方设法探寻顾圣婴纪念室的蛛丝马迹?失望也是意料之中的事。

在黑暗的年代里,尚且有殷承宗那样难得的"私密的温暖",而四十多年后的今天,社会的"幸福指数"似乎远远高于当年,人与人之间难道就不需要挨得更近些,让开启人性的光亮更多些热度?或者除了疯人的呓语,这里的一切将被抹得清清白白、干干净净,竟像是从未发生过一般?那么,关于那个遗嘱,那个满头银发的将死之人的临终之托呢?

尾声

　　据说顾圣婴一家三口自杀的时候也留下了一份遗嘱,指望看到的人或许能够把它交给出狱的顾高地。相信这份遗嘱应该是存在过的,按照推测,收尸的人,包括抬担架的人,签字的医生,哪怕太平间里的人员,都有可能见过的。想来这些见证过顾圣婴死亡的人压根不知道她到底是什么人,更无从谈起她的价值。那么,那份也许能够解开顾圣婴之死谜团的遗嘱也就在历史的混乱中散失了。永远不会有人知道顾圣婴写下了什么,不知道她会给十多年一直没有谋面的父亲留下些什么叮嘱的话。

　　确实,对临终遗言的服从是神秘且神圣的。其实死者永远不会知道他们的意愿是否得到正当对待,那些活在爱他们的人心中的灵魂将永远不会遭受背叛。顾高地后来的生命一定都是为了纪念他的女儿而活着的,在万念俱灰的绝望与度日如年的思念中他选择了后者。正如福克纳小说《野棕榈》结局中那段激动人心的独白:"当她不再存在时,我记忆的一半也就不在了;而假如我不再存在时,那么,所有的记忆也就都不在了。是的,在忧伤与虚无之间,我所选择的是忧伤。"

　　1975 年 8 月 29 日,顾高地"刑满释放",回到上海,满以为一家人还等着他,谁知妻子女儿和儿子已经不在人世。有关方面回答他的质询时说:"不通知你为了有利于你的改造。"追悼会上,顾高地从顾圣婴的老师李嘉禄教授口中听说了女儿第一次举行独奏音乐会的情景,他用颤抖不止的手,一个劲地抚摸着女儿空空的骨灰盒,良久,只说了一句:"圣婴,我的好女儿……"追悼会后,顾高地在家里为女儿布置纪念室,兜兜转转后在朋友的介绍下找到著名的画家俞云阶,求其为女儿作画。当看着这幅名为《此时无声》的画悬挂在画展厅堂的中央时,顾高地老泪横流,泣不成声。他希望女儿圣婴能一直活下去,不仅在他的心里,还有更多人的心里。顾高地临走之前还是欣慰的,一心想着女儿尚未出版的传记终有所托,自己走后的纪念室也不至于无人照看。如今纪念专辑虽然出版多年,但也不过几千册,知者寥寥。纪念室更没了去向。唯一的继承人蔡蓉增病态地秉持着顾高地老人的遗愿,却惹得一身官司,灵魂不得安宁。

顾圣婴的遗嘱,顾高地的遗嘱,一份我们未曾得见,一份始终没有实现。不知这被背叛的遗嘱还会不会有重见天日的那一天?

2010 年 8 月　曹利群、庄加逊写于上海

2017 年 2 月　曹利群修改于北京

卷一　日记

肖邦　升 f 小调前奏曲
作品 28 No. 8
顾圣婴演奏

李斯特　匈牙利狂想曲 No. 12

顾圣婴演奏

4 月 18 日（六）[1]

晨四时半起床，最后一次整理东西；五时，卧床休息候车。以后杨乃先、周先生、小乖、刁兄都来送行，心里不是滋味！小罗来晚，离校已五点三刻，赶去部招待所接丁院长，抵机场六点半。办理手续，早餐，程主任、温司长、于处长等皆来送，还作了些指示。七时三十五分起飞，当时眼泪上涌。这是什么心情呢？思念、留恋……同志们对我太好了！

但是，正因为这样，我应该坚强，勇敢地面对困难，面向斗争，尽我之一切来保卫国旗、保卫主义、保卫同志们的荣誉……

飞了整十二小时，在莫斯科时间下午二时半抵达莫斯科。使馆来人接，晚住招待所，莫时八点不到即上床，倦极，头痛、头晕、恶心，全身酸疼，腿脚大肿，皮鞋成为枷锁了。但是三小时后即不能成眠，因为国内快天亮了。拖至四时，起床、读谱，五时半去机场。

4 月 19 日（日）

乘坐 KLM 荷兰飞机，八时一刻离苏京。在机场等候时，独自溜达，陈找我，并告勿独自行走，警惕啊！

在机上也谈谈各种问题，诸如警惕性、安全、对比赛的态度等等，这是一个党的工作者！

今天仍不舒服，到阿姆斯特丹已是荷时中午（与莫时又差二

---

[1] 本书所收顾圣婴日记、书信和演出手记参照了上海音乐出版社的《中国钢琴诗人——顾圣婴》（2001）一书，在重新编排时有所修订。这几个月的日记是顾圣婴 1964 年赴比利时布鲁塞尔参加国际钢琴比赛时所写。日记在编辑过程中尽量保留了原貌，包括一些不符合规范的用语、译名和拼写。编注。

小时),国内是晚七点,坐车去海牙代办处,午餐。

餐后本当休息,后来先见了一比利时朋友,刚安排一下又和代办谈话,下午就过去了,我只洗了澡、洗了头,未睡。

晚餐后打起精神,散步,景色不错,情绪不十分高,我想到北京的同志、朋友了。其实这不应该的,为什么感情圈子那么小呢?都是革命同志,都是从不认识到相熟的,有什么好保留的?

回来洗了衣服上床,我还是禁不住地想到小乖、刁……

例假又来了,唉!

4 月 20 日(一)二小时半[1]

三时许即醒来,又不能入眠,勉强安静,只是昏沉状态,脑子混乱一片。

六时不到起床,写信给家和刁,许多话想说,但理不清,写得较乱,仍然是思念!

我怎么这样了?

信是托叶成霖带回去的,这位日内瓦的相识,不意在此遇到,他是参加法协代表团开会归来路经荷兰的。叶说我长大了,在路上认不得我了。真有此大差别吗?

上午去选了一下钢琴,琴不好,但我也特选难弹的,很累,挑了钢琴就回。下午练了琴,动动手指,弹 Ballade。晚上未练,躺床上背谱,这个作品拖住我太多了,但是要制服它!九时不到即睡,今晚搬了住室,有水果招待,我吃了橘子。

1　指当日的练琴时长,下同。编注。

4月21日（二）五小时1/4

上午练习了1/2时，Ballade、Study，丁院长听了一下Ballade。下午狄根夫人来，谈了一个半小时，又练习。晚上陪夫人吃饭（冰淇淋我很喜欢），已定24日去比佳阿勒男爵家，丁、陈另住一处，同餐，去友协练习。

据云美国此处有二人极强，苏联有四人较好，自然这是强敌，我要努力啊！不紧张，但专注！不计较得失，但要弹出风格，弹出水平，争祖国荣誉，争群众影响！

比利时作品，加油干！

晚饭前和丁院长闲聊比赛，说起林、铎、洪、康等，也说起我对肖邦比赛的兴趣和想法，更说到1点要一个组织把演奏者、有前途者放在一起作统一安排。我都有同意的，第一次和丁院长谈得来呢！

晚上挺累，例假多有关系，但十一点半才睡。

4月22日（三）六小时四十五分

一早起，四点即醒，再睡才六点半而质量无，累极，手脚酸，抽筋，做保健动作，略好。早餐改为西式，较喜欢。然后练琴，Ballade仍不算背出，多糟啊！录了一下音，觉得音乐处理也有需探讨处。上午还练了一遍Franck，略有新的启发。下午本想练习，哪知在放电影，看了一回，走出来了，电影招待二位比国朋友，他们不久即去北京工作。

由于电影介绍的是北京、昆明，又勾起我的思念，不断想到小乖、刁。怎么了？怎么了？这是不好的现象，软弱啊！说明我没投入工作,我对比赛没有足够的雄心壮志,没有必胜信念,我没有豪气,没有不可摧毁的力量。

思念朋友们吗?可以!但是要从中获得支持、力量。不,应该说不可以思念!因为朋友们、同志们始终与我在一起,我们没有分开,他们将陪着、伴着我走上领奖台!

我们将要一起,为胜利而喜悦,同享共同劳动的果实。的确,如果得奖,这是同志们的好!我只不过是在这一瞬间把它们搬动了,显示了一下而已!

同志们,给我力量吧!

不,我决不辜负同志们的信任和委托!

4 月 23 日(四)五小时四十五分

晨起精神还好,但肩仍酸疼、手指抽紧。练了近六小时琴,复习 Concerto、Scherzo,Ballade 基本上背出,仍不熟。陈今天与我聊天了(近三刻钟),讲到外文、用词、小说,透露曾与丁院长谈我,知我是团干部,说我这几年特别卖力,某些地方(含混)赶过别人了。

晚上本想练琴,又遇放电影,打了一会乒乓球,看了电视,整理东西,睡觉又是十一点多。

定明中午一点多去布鲁塞尔,如此上午还可以练习。

4 月 24 日(五)两小时四十五分

起床已六时三十五分,漱洗、整理,扫清剩余饼干、苹果。上午练了 Study、Ballade。

Ballade 仍无把握。丁院长听了一下 Franck,看来 Prelude 的触键,Chorale 的性质,Fuga 的速度都值得注意。

十一点多代办与我们谈话,谈及生活问题,评分问题。一点零六分车离海牙,三点半抵布鲁塞尔。我住 Allard 男爵家,丁、陈另住一处,稍感不惯。钢琴未挑好,因下午来不能去厂,都下班了,还待周一,这两天暂去店里弹。喏,好个练习所在!

整个练习计划需很好安排啊!决定每天练习六小时,读半个到一小时谱,主要是二轮作品,Ballade 自首当其冲,Franck 也需努力,而 Bach、Haydn、Liszt,则久未弹,需复习呢!

评委名单看到,美国有两名,苏联有一名,还有一名法国的是最后一轮的指定评委,苏为 Gilels,美为 Brailowsky,法为 Simpai。除此外还有十(或十一)人为前二轮评委,波:杰维茨基(Dzewicki);法:Benevetti;美:Kohan;苏:Vack;意:Zecchi。

美一,比二,Stephan,Askenazi。我真要很好努力才行,但是像大家劝告我的别紧张。一句话:坦然、自如、充满信心。这样就能弹出风格,弹出水平。

4 月 25 日(六)五小时半

今日开始练习,在 Hanlet 琴行,用了一架大的 Steinway,但已旧,故弹来不难。

上午较集中地扣了一下第一轮,看来明日还得扣,下午复习了 Bach Sonate、Haydn Sonate、Rhapsody、Ballade,Bach、Haydn 似情绪还不对,Ballade 则仍忘谱,因此得努力。中午与德冈夫人同餐,故无休息;下午精神还好,尤其是后来力气也有,头也并不十分胀,大概是兴奋吧!

两餐都吃了煎牛排、甜点心,我最喜欢冰淇淋和杂拌水果。若说营养实在很高了,再不胖再没力气咋说得过去呢!再弹不好也怎说得过去呢？

男爵今晨早餐时说比赛是比技术，没有政治，要捣鬼也就是美国，又说全是由于太后[1]的努力，争取到中国人参加比赛并做评委。看来藐视人呢！我一定要弹好，让他们看看，听听新中国的面貌和声音！风格！！水平！！

男爵夫妇今日去别墅，明日、后日都不在，屋里只有我、保姆沙拉和她的女儿玛利，倒也清静些。他的夫人实在是位"噜"。明日将出去一整天，在友协午餐，在德冈夫人的朋友家晚饭，不过练好那六小时是最关键的。我现在必须摒除一切其他念头思想，集中精力心情在这些作品上，为了祖国、为了人民，为了那么多的同志们、朋友们！应该记住，弹好就是我运用好了我的武器，也就是为革命服务，为政治服务！

4 月 26 日（日）五小时半

今日是星期，Hanlet 琴行将钥匙交我们自己开门进去练习。上午精神还不坏，但中午去友协，午餐、休息时受了些凉，下午头疼，练习效率骤降，Ballade 弹不下去，直至弹了 Rhapsody，出了一身汗才松快了些，可惜时间已到，玛尔培夫人来接我们去她朋友家晚饭了。这一家三人都是共产党员，马列主义者（Jayspa），因此整个晚间谈了许多政治性的问题，还夹进政治色彩的笑话，对话是用俄、法或英语进行的，整个晚间较兴奋，当然也累。

---

1 指的是比利时伊丽莎白皇太后。顾圣婴参加的此次国际钢琴比赛也称作伊丽莎白皇太后国际钢琴比赛。编注。

4 月 27 日（一）六小时

早晨醒来，浑身疼痛，头昏，感冒了，食欲不佳。上午练习两小时半，在 Hanlet 琴行老板家，十一点三刻就回男爵家午饭，因为一点要去音院看比赛用琴。比赛的第一、二轮在音院举行，章程规定有 Steinway、Blüthner、Steinweg 三种琴，但只看到了 Steinway，琴乍看不重，但弹来却黏，声音不透，这是给了我难题了呢！如何弹得集中，增加颗粒性，弹得有光彩。下午挑了琴，一架小的 Steinway，搬在友协。立即开始练习。丁院长听了我走台，又听了 Franck、Haydn、Bach，提了一些意见，关于 Bach Prelude，他认为可以用管风琴色彩，Fuga 的内容则可以浪漫主义，活动些，有生命些，可手法仍是古典的触键，这样 Bach 二段基本上用对比性质。

今天陈翻译大受丁院长的指责，说要谦虚些、多学学，其中包括法文知识、生活常识、对人态度等，他似有些闷（招待会请不请使节……中国饭店吃菠萝的事……评委费……）。陈较急躁、主观，自尊极强，总要掩饰自己的错误，总要自圆其说，丁却不放过他，所以摩擦来了。

我也和他争了一事，明晚有一个美国人 William Alton 在艺术宫小厅演出，这是比赛参加者美国比赛的头奖获得者——卡洛里亚的教授。我说既得了卡，就去听听吧，他一定要打听此人政治面貌，又怕去听了给记者报道。其实作为普通听众，谁来注意你呢？又不要和此人建立友谊，何必多究呢？当然丁院长与我同样意见……

整个一天极累，晚上还赶写了给刁兄的信，我的确很想她们，很喜欢小乖，不知怎的，我们接近了解得竟如此之快，出乎意外的呢！晚上服了感冒药,但愿明日好。

4月28日(二)五小时半

晨醒来即觉肩臂疼痛,夜来乱梦有关,洗了头后似略好。九点至十点半,在友协练习,十一点至十二点去了音院练Steinway,今天弹了Haydn Sonate、Chopin Scherzo、Studies和Scriabin,联系了明天再去,下午1—2时打算一试二轮作品。这架琴似较昨天容易控制些,不知比赛时如何?

中午老太太亲自蒸肉给我们吃,还优待我吃两块pie(鲜奶油和草莓的),搭起了床让我休息。总之在各种各样的照顾下生活,这是人民之间的友谊,亦是同志之谊,目的是为了一个——共产主义。老太太称我是真正的中国大使(我们曾戏言她是中国驻比大使),的确我要负起使者的重任啊!下午又练习,Ballade仍然吃螺蛳,明天上午非下功夫不可了,练习曲也有许多句子该努力的,不弹好第一轮没有第二轮呢!

今天知道整个比赛将在五月三十日结束,六月四日二、四、六名各举行音乐会,六月八日一、三、五名举行音乐会,六月十日头名的独奏会,六月十二日闭幕式,前三名与乐队一起演出,够长的!

在比赛以外,友协打算给我组织音乐会,我有这样的直觉——他们认为我不会得奖的,好吧!瞧着吧!看看我的努力是否会有成果,同志们的热心相助和支持是否会有结果,是否会开花。

今天比昨天更累,肩背都疼,偏是丁、陈非在六时以后谈事务,又等了很久才回来,已七时一刻。明晚去听Del Penyo的音乐会,再这样可不行呢!

男爵夫妇已归,为住房问题餐桌上形成窘局,后来算公开了他的意思:十一日后我们全体在他家,当时我觉得找不出理由来拒绝这个建议,陈总说别插嘴去,让老太太与他打交道,但事实是不可能的呢!

陈真说他不出,该灵敏之处不灵,无须多疑处偏多疑,却又极自信,自慕极强,作为党员,还该好好修养,虽然政治界线是清的,但马列主义唯物辩证的思考方法、工作方法却没有,这仍不可能做好工作的。

又想起小乖和刁来了,我什么时候回去啊?

4月29日(三)三小时半

晚来睡眠仍不佳,多醒,被子也推开了,手经常在被外,难怪要疼了,如何睡安静些呢?已服镇静剂了。

上午练了三小时琴,较多地弹 Ballade 和 Bach。中午,友协午餐后去音院,今天多了一架 Blüthner,在两架琴上弹了近半小时,Blüthner 触键硬,音色较亮直。可我现在有些习惯于那架 Steinway 了,惜没有光彩与颗粒性,一包烟和40法郎换来了明日还要从艺术宫搬来一架 Steinway,因此我们又争取再来看琴。

下午休息了,快五点起床,随便弹了一些,老太太见了太后,说身体好约个时间见面,身体不好则到艺术宫听我演奏,这也意味着不进决赛,太后对我们不感兴趣。晚间听了 Del-Penyo 的音乐会,弹 Mozart K488、Brahms B-dur 和 Ravel 左手协奏曲,我更喜欢 Brahms 一些,这样的音乐会许久未听了!!很激动,很受启发!Del-Penyo 的演奏对比鲜明,但中间层次较少,整个触键轻柔或开放,这或许是西欧的风格,但作为演奏家自信、自如是成功的要素。

丁、陈未准时来吃饭,这不好,失礼!

4 月 30 日(四)五小时

仍然睡得不好,上床已十二点,可常醒,手又推开了被子。两手总累,如何是好?

上午练了 Studies、"三度""侏儒",问题仍很多,从九点一直到十二点半,似乎还有几首也不够有把握。下午弹了 Haydn 和 Scherzo、Ballade,老太太认为 Ballade 还不够诗意,要找个人给我听听,这样正是我所期望的。

丁院长去会见了评委会主席,知第一轮 Haydn 与自选作品必弹,Studies 由评委选,每人弹 25 分钟,五月四日起比赛,每天下午三—六、晚八—十时。

丁院长又给我打气,叫我别怕,只要弹出特点,弹出风格来就好了,一点毛病无所谓,不要顾虑钢琴,再三说我状态很好,最近这阶段提高不少,他劝我不要太拉开自己的曲目面,多搞些 Mozart、Haydn(更好钻研)、Schumann、Chopin、Scriabin、Bartok 之类。他晚上带了 Ballade 去看一位太太,看有什么启发。晚上喝了啤酒,稍放松。

5 月 1 日(五)两小时

昨晚,洗澡后上床,久久不能入睡,出汗,再三做气功而后方奏效。仍早醒,手、腿、背酸软,咋办呢?

今日十一点半,晋谒太后,谈了许多客套话,太后老了许多,她曾两次中风。

中午老太太带我们去一小饭馆吃饭,这是她的同志开的,楼上用作会见场所。中午喝了啤酒,吃了加热巧克力的冰淇淋等,回来睡了一觉。本想练琴,弹了一点 Haydn,因喝茶和陈聊开了,说了许多关于阶级斗争、农村工作的内容,丁院长随老太太去看"五一"游行,五点半他们回来,又谈了一会儿就回来了。

(老太太健谈,说皇太后思想较进步。)

关于游行听了很兴奋,他们把毛主席像和马恩列斯并列呢!

的确主席是伟大的,我们的党是久经考验的,我完全相信我们一定能在各个方面取得最后胜利。

5 月 2 日(六)五小时

昨晚仍不能轻易入睡,很久很久以后才蒙眬过去,半夜又推被子,手放在外面了,早早醒来,勉强挨至七点起床。继昨晚听了 Ashkenasi 在肖邦比赛中的演奏录音后,今晨又听了 Gieseking 的 Mozart E-dur 协奏曲 K.503,阿希肯纳齐技巧是完善的,但意思不大,可这却是比赛所需要的。

如果说我紧张得担心的话,也正是在这一点上,这是我的弱点。今下午抽签了,我抽在 15 号,五日晚弹,前后有澳大利亚、苏联选手,比赛一轮在十一日结束,十二日立即开始二轮。

抽签时有些激动,不知何故,怕第一号吗? 或许有些,其实这也是信心不够的表现呢!

还有两天了,休息、情绪饱满是最重要的,不要再顾此失彼了!!

5月3日(日)四小时半

晨起极累,心跳、神恍惚,天雨,两臂酸疼,周身不适,情绪亦波及。早餐后,丁院长去荷,男爵夫妇送我去友协,并听我弹琴。途中先绕游树林和樱花林荫道,美极,宽广极,略闻草香泥土气,心情为之一爽,什么时候我能一整天在这样的环境中轻松一下呢?想起了许多该做的,该学习的,怕最后仍不能不放弃它了!

今天练习流汗很多,每首曲子总有不能令人满意之处,特别是《侏儒》和肖邦的两首练习曲。

老太太对我好极了,备为关心,我越来越喜欢她——在直率、粗暴、急躁后面有着不少的慈祥呢。由于男爵夫妇来听我弹琴,她说邻居也想听,还问真是中国的比赛者在弹吗?愿她能得第一名!

男爵告我们有一美国钢琴家(女)很强,她掌握现代作品非常快。如果是的话,那大约就是老太太说的 Holtz 了,此人1933年生。

中午未能入睡,下午起来泡手,又练了两小时,再泡手,然后在友协对面的公园散步。很好的调剂啊,我太喜欢这样的天地了,我能不能怀着这样的心情上台比赛呢!

我应该能!

5月4日(一)三小时半

昨晚仍睡得不好,不安宁极了,手不断推被,然后又冻醒,晨起头昏脑胀、心跳,手脚酸疼,特别是左手大拇指!

上午以较慢速度练了一会儿,中午一点还去试了琴,遇见了一土耳其选手和 Slobodianyk。

下午未睡着,起来和陈谈了一些问题,陈非常自尊,多方辩解,歪曲经过,我不喜欢! 今后有些事须注意的仍该提,但不想费神于争论了。

他们觉得我有些紧张,其实不然,放松固然是,但也不是不在乎,一切事物都是有两面的,战略上貌视敌人,战术上重视敌人,为友谊而参加比赛,但得奖亦能促进两国人民的交往和互相了解,弹出风格、弹出水平,也意味着需要全力以赴。陈说我这个人要强,其实本该对每一件工作,每一件事负责的!

下午回来时和老太太告别,她摸我的手很热,问我是否很累,后来拥抱和吻了我——给我力量,我差点流泪了,的确心在那一瞬间发热了,我得到了力量!

丁院长说下午弹了四人,不很好,米兰诺娃还不如华沙时,Haydn 都很夸张,不知晚间怎样。

今晚要安心睡觉,明天精神饱满。

5 月 5 日(二)四小时

今天比赛了。

夜来洗澡,戴了手套上床,总算整个情况稍有进展,早起精神还可,但早餐后又觉心悸,头昏。上午练了两个小时半,状态还好,我和丁院长都猜,会挑到什么节目,我想是 Chopin "三度"练习曲,Liszt 的 a 小调和 Debussy,丁院长则认为是 Liszt 的"侏儒"。

下午躺了两小时,未能入睡,起来吃了药,又弹了一小时半,回来洗澡、换衣、吃饭,多少有些紧张(不自主的),似乎 Haydn 有点忘了。七时去音院,遇苏选手和米兰诺娃,她极热情,我还是很喜欢她!

以后看了一下钢琴,接着自己练习,节目出来,果然是如我所猜,我一直弹到上台,毫不紧张地走了出去,似乎没觉得是比赛了。听众对我极热烈,长时间鼓掌叫唤,特别在 Liszt、Debussy、Scherzo 之后。听到的反映似多好评,还把我和苏联选手 Slobodianyk 比较,说我比他强。评委主席对老太太伸了大拇指,Ashkenasi 对丁院长说我是天才,是 Excellent,英国的老太太 Kohan 也如是说,虽然对乐曲的处理还有可商榷之处,说这不怪我,还年轻呢,但是 Excellent 的,极有前途,内在力量很强,内在东西很多。我自己觉得弹时负担没有,但总不完善,Liszt 和 Scherzo 都有错音,就音色变化来说,也不理想,钢琴不熟悉,很响亮之故,离完善太远了,还需仔细,可能仍太激动太放手。

必须努力,不要为好评迷惑,特别是评委的称赞,口说容易,谁知给了多少分呢! 不可轻信。我要努力弹好二轮,进第三轮,弹好第三轮,争取名列前茅。

现在就看美、苏和一日本选手的情况如何了。应该说,陈外长宣布明年还清欠苏债,并建造原子弹,给我鼓舞很大,这是伟大的中国人民的气魄! 而同志们热情的话语和支持,也对我是激励,使我感动、心热,因而上台是安静的!

如果说,我成功了,那是全国人民的成就,是同志们的成就,而绝不是我个人的。

5月6日(三)两小时

昨晚睡得极差,腿不断抽筋,不到六点就起床了,很不舒服。早餐后,男爵夫妇带我们去树林散步,美极、妙极,树很直很高,也很密,但很细腻,晨间的阳光透过树丛,形成各种色调、气氛,林内各种虫声鸟鸣极悦耳,对 Ballade 有大启发,如老太太所说,我弹得不够诗意,不够 Libre 了。

中午出外午餐,去协会十一点半,协会工作人员五人每人送了我一束兰花,而且吻我,以示祝贺。老太太说昨天的成功,使她们觉得协会的工作是有意义,工作起来更有劲。她说比利时人不太谦虚,但这样的称赏,说明确实是好,丁院长也致答词,感谢协会的帮助、老太太的关怀,说成功有他们的劳动在内,我说这是大家的共同的成功。

下午仍未能入睡,起来弹了一小时半琴,上街买袜,走前会见了友协执委。中午午餐时,老太太问我自己原盼望弹些什么,我说这几个正好是我猜的,如认为节目很好,有对比。当节目一宣布,别人就认为这对于我是难的,因为各种都有,但我很好地弹了它们,她说我全面、有力量、有诗意、美,而苏联人只是力量,怕美国人也如是。晚饭时丁院长说下午一美国人不错,Prokofiev Study 音色力度都很好,苏联的 Mogalevsky 不如 Slobo-dianik 吸引人,但是法 Benevetti 说中国人好 remarkable……西班牙 Del Penyo 也说中国人好,西德的 Dahlgrun 也称赞中国人,说写信告诉家里了。

丁院长似颇高兴,因为这些评委原都和他不开腔的,现在也攀说起来了。但是我必须再接再厉,第二轮肯定比第一轮更难,更需要弹得好。

又:昨晚太后也听了我的演奏,今天打电话给友协致意。老太太说从晨七点多起就有人打电话来祝贺,其中有认识的,也有素昧平生的!

丁院长还告诉我 Haydn 虽好,Study gis-moll 虽好(较北京差些,左手不够出来),但是 Liszt Study 才真正的征服人!而接下来却是出其不意的 Debussy,难怪一片惊讶声,而 Chopin Scherzo 就引起了高潮,欢呼和鼓掌,最后是用评委主席摇铃来制止的!

5 月 7 日(四)五小时半

昨晚睡眠较有进展,但两次推被,因此手还不很好,人松弛了,所以也累!

早餐后去练琴,Bach 和 Franck 弹下来头颈也僵了,全身都疼,停了下来和丁院长在院子里走了一会儿,弹狂想曲直至一点多,人兴奋了。与比共政治局一委员同进午餐,午睡不好,发热、手疼,特别右手二指,下午先弹了一小时 Concerto,后才练 Ballade,走了一遍 Prokofiev。回来头极疼,男爵夫人却好意要我去散步,呼吸新鲜空气固好,可我很累啊!但还是去了。

今天报上有那天比赛的评论,关于缺点是 Liszt 结尾还不够,Brilliante 和 Scherzo 还不能令人满足,但强调我是一位真正的音乐家、钢琴家,精致、细腻、富于感情等等。我请陈帮我译一下,我记录下来。

应计划一下五、六两天的练习,必须把第二轮都弹好呢!不能放松!!

不幸,这几天食欲不振,极累。

5 月 8 日(五)六小时半

昨晚睡了五小时,早醒。

上午新华社记者(比籍)来拍照,摆了很久的姿势还穿了旗袍。旗袍实在太小,难受极,终究将它锁入箱中。

Jarspar 夫人中午来看我们,吻我,送了花、糖、点心。她约丁院长星期日谈谈,采访我的情况,准备在《人民之声》报上写报道。

没睡午觉就练琴,今天弹的是 Bach、Franck、Liszt、Fontyn、Ballade。到现在为止仍不觉好,咋办呢?

晚上听了比赛,一个英国人,三个美国人,其中的 Holtz 是老太太称赞的,技术还不错,但心是冷的,这几个美国人几乎都如此。William Alton 较乐感,但过于善感,东西弹得很松,男爵夫人说这是叫人上床的。

回来时出了纠纷,老太太休息时要我们在出口处等她,陈以为有什么事,男爵十点就来接夫人,我们不走,夫人也不走,男爵等得快睡着了,结果陈又让他们先走(看情形,陈没说清),可老太太却是有话要和男爵说,老太太抓了别人的车送我们回来,并和男爵说她原意也要他等着的,男爵说翻译没讲清楚,于是陈大火——为这句话,也为坐别人的车,搞得挺僵。

我觉陈也过于会火、会烦了,的确没懂老太太的意思,那当然不可能正确处理,当时我想既是男爵急于要回家,夫人也困或老太太有话要单独跟我们说,那就请他们先走,谁知搞成这样。

我必须很好安排这几天,休息、练习,弹好第二轮。在音乐厅很多人祝贺,说直到现在为止我是第二名(有人评上了必获前三名奖),所有这一切不能使我高兴,Petrov 还没弹呢,U. S. A 也会有异军突起的,第二轮、第三轮都有大障碍在着啊! 要努力,要坚持,夺取最后胜利!

5 月 9 日（六）六小时

又是一天过去，Bach 似稍有进展，但 Ballade 仍不好，明天必须加把劲。我不知道究竟应该用自由方式来弹，还是严格些，它的音响究竟达到什么样的程度？

曾想仿林中情景，但有些地方却又解释不过去。总之，个人的言语逻辑不强，这是不能服人的。Bach 和 Ballade 是一轮必弹作品，如果没有特色就糟糕了呢！其他六首作品，丁院长认为 Prokofiev、Liszt 和 Ravel 被抽到的可能性最大，再下去是 Chopin、Haydn 和 Franck，当然如遇刁难者，抽 Franck 也极可能，必须作最大的最坏的准备啊。

今天头痛，胃亦不舒服，大概累和受凉了。丁院长说 Petrov 也一般，技术很好，但亦不突出；今日有一美国人亦较好，不知何名。

Ballade 啊！非攻下你不可，否则我如何过二关呢？

今天又想小乖了，也想妈妈。

5 月 10 日（日）六小时

昨晚睡较好些，但背开始疼了，今天练得较多，每个作品都弹到，时间是不够的，可也只能这样。Ballade 和 Bach 还需努力，Ravel 和 Liszt 也有该捉摸之处，背谱更应该开始了，Ballade 还危险啊，脑子常会转不过来的，而这是必弹作品呢！

今天男爵夫妇走了，我明日搬进他们房中去住，丁、陈住我屋中，谁知过几天又是什么模样，什么情况！

我总是累，这儿疼那儿疼，精神不好。还是应振作，否则如何去完成使者的任务？

想想同志们吧！的确,他们给了我鞭策和力量,支持我每天的工作,支持我每天生活着。

5 月 11 日(一)七小时

背仍疼,不知何故,是着凉吗,还是累了? 头颈也有点僵。今天弹得较多些,Ballade 略有进展,但仍不满意,已知第二轮弹 40—45 分钟,这样,有很多东西可弹了,谨防抽到 Chopin Sonate 和 Franck! 据云是由两名评委负责挑选一个人的曲目的。明天必须请老太太听 Ballade,这个东西无把握的话,很影响情绪,对 Franck 也需如此,Chopin 应整理一下,Prokofiev 则需慢速度练习,Liszt 亦然。今天把 Ravel 弄了一下,似较好一些,但我对所有曲目都不甚满意,是自己累吗? 所以多挑剔,还是因累故而弹不好?

心情不很好呢!

丁、陈搬来了,我今天换了房。

5 月 12 日(二)六小时半

今晚要宣布第二轮的名单了,我不去,几乎肯定明天要弹的,而且还可能是下午。

Ballade 虽总在进展,但我亦总不满意,明天老太太请 Absil 来听听,真是抱佛脚,其实她早提出过,但丁院长一个“no”字回头了。我很累,作品都缺少新鲜感和灵感,在重复程式了。昨晚又受了凉,今日手板不舒服,真是麻烦多。但是我必须振作起来。男爵说多想花草树木,少想评委,的确,我应该带着走进大自然的喜悦心情,走上比赛台,像第一轮那样,甚至更好。同志们支持着期待着我!

5 月 13 日(三)六小时

弹过第二轮了。

很不满意,没有一首好的,曲目是挑到 Chopin Sonate 1st mvt., Ravel 和 Prokofiev,也是猜到的,但缺新鲜感。丁院长说比第一轮差些,听去有不够满足之感,Prokofiev 不够扎实,凶,高潮就突不出,Chopin 不够 smooth,Ravel 较好,Bach 也较好,Ballade 则技术上有些不干净,比台下打了些折扣。我自己觉得造成这一切情况的原因是 Ballade,在国内下的功夫不够,因此在这几天内拖垮了精力,也影响了其他作品的练习,累了不仅体力而且也是精神情绪上的,所以弹得不好。丁院长看到 Ashkenasi 给我 81 分,不知其他评委怎样?据说我第一轮分数很高,当然这一次不如了,丁估计上次 Ashkenasi 可能会给我 87 分左右,可见其悬殊了。

但是能进第三轮就好了,在第三轮才是真正决定胜负的关键呢!已透露第三轮我将弹 Franck(从 Chorale 起到 Fuga 为止),这又是难题,这几天有的练的呢!但是首先要休息好,恢复精力、情绪!

"全国人民的希望寄托在我身上",是的,我必须要弹出风格,弹出水平。

5 月 14 日(四)三小时

昨晚只睡了三小时左右,早起浑身都疼,洗了澡,热一些,略舒服。陈去海牙,我和丁院长聊了一会儿天,十点去友协。老太太见我不满意昨天的演奏,备为关心,一再说大家都觉得很好,很多人听了 Chopin 流泪。

Absil 又来,请他听了 Franck 后去对面公园散步,丁院长聊起民族化、群众化,聊起我们四个钢琴家,聊起我们喜欢北京还是上海,后又说到我的家庭问题,谈到团的工作,说到入党问题,先我将考虑李名强的入党问题,要我回去也……说现在将吸收一些(丁院长的提法是较令人惊讶和感兴趣的)。

整天都累,但也就是如此,不见得比一轮更怎样,怪!

下午苏联选手二人演奏了,还有一意大利人,苏都粗、响。丁说只能看各人喜好了,的确只能这样说,他也讲不出何人更好一点。晚间不知怎样?

现在局势是微妙的,据云空气与一轮时不一样了。自然,这里还是有斗争,需手段的!绝对的公正即纯艺术较少!

我想国内,然谁知何时回去?

5 月 15 日(五)一小时半

昨晚等陈归来,浴后未即入睡,受凉,今日有些感冒,疼,全身酸疼无力,背脊也疼,喉哽、多痰。等于休息了,弹得极少,上午 Absil 带来了他的协奏曲和乐谱,都送我,他的作品我还感兴趣,不知新协奏曲如何!

明晚要宣布决赛名单了! 我能去吗?

今日购 Rachmaninoff 第一协奏曲唱片,325 法郎,贵得惊人,我的零钱一半去掉了。

情绪不好,例假不来,大约有关系,如果进了决赛,再来例假麻烦。

5月17日（日）

昨日来练琴。

老太太请了个大夫来，说我喉头发炎，血压低，要我休息卧床一天观察，明日再来大夫。

吃了药，陈还给我头部和肩臂处做了按摩，晚服安眠药，洗澡睡觉。陈去听比赛结果，回来半夜，不，凌晨睡觉。

我是进入第三轮的，但隐约听到的谈话中，似进得很困难，很紧张，大概经反复讨论才算通过的。还听到"她会不高兴的"字句，不知何所指，也有说到下一步时"只能依靠中间力量的帮助"等等。

陈留条说详情由丁院长向我介绍，看他如何说，瞒不瞒我些什么。不过，无论怎样，进去就得好好干，群众、舆论是最重要的，自然，应争取得奖，得高奖！虽则艺术观点趣味距离很远，还有各种因素的障碍。

等丁院长来谈吧！

情况果然，我是从六个积分相近者中以投票方式决定出来的，大概英、美、德、法等都投了我的票，结果宣布后，苏、波评委都来祝贺，值得深思的情形呢！

能进去，当然好，但也说明我还有许多弱点，演奏状态不稳就是其一。进三轮的美4、苏3、保2、中1、法1、比1。苏的Petrov、美的Kuerti都是强手，自然，我弹出水平就什么也不怕！应该有此信心与勇气、胆量，但也注意下一阶段绝不能太累了。

今天上午仍躺床上，大夫来看未消炎，有热，36.8度，要我继续休息，但我下午仍去练了两个多小时，手指都无力了，确是松不得！（当时体温37.2度。）

5 月 18 日（一）六小时半

今日九时半离友协进 Chapell（注：将选手封闭起来练新作品之处）。老太太和陈送我，给 Chapell 秘书交代了一下，临别老太太又拥抱了我。昨日她还问我满意不满意现在的情况，我微笑而未作答。的确，在任何情况下，如果我没有弹好的话我总不能满意，总不能感到真正的高兴，但这样的答案太复杂了呢！

新 Concerto，Quint 作品，不重，还算好，但我需尽快把它背出来，今天看了第三章，上午曾很累，下午略一阖眼，后来精神稍好些。有体温，是 36.8 度，下午 37 度了，晚 37 度。看明日如何！

我想家，想同志们了。尝到了失去同志的滋味！

5 月 19 日（二）八小时

上午练习四小时，中午稍休片刻又练到六点半，晚饭后与指挥合了一下，又练了一小时，这是我出来后练得最多的一天。指挥称赞我 Bravo，不知是喝了酒的缘故，还是很欣赏，当然究竟怎样要等合了乐队才知。第一章还未攻下，虽可不背谱，但实际上是背的，边看边弹不是我的习惯呢！到时反会出篓子的。总有温度，晨 37 度，中午 37.5 度，下午亦然，晚 37.1 度，不知何故？晚来凉，影响睡眠，需再要一毯子，否则休息不好，受寒，白天头疼，精神不佳，手不舒服，如何工作呢？

我努力振作自己，以饱满精神对待练习，不感情用事，让所有的想念都变成练习效果吧！这是最好的献礼。

看看其他选手都不像我这样紧张，是他们会安排，还是我过分？？深思！

5 月 20 日（三）九小时

今日弹得更多，但其中花了两小时在 Rachmaninoff 上，三个多小时甚至四小时在新曲的第二乐章上，为的想把它背出来。

比利时小鬼已将第一乐章背出，我呢？再现部 Cadenza 都还不熟！而且原已想上台不背谱，小鬼打算不用谱演奏，Rjanov 也有这想法，我当不落后才是。话说回来，背出了，放本谱反安心的。Franck 多日未弹，明晨四小时中应把它列入，再加二、三乐章。每个曲子都要有水平，才是道理，尤其 Rachmaninoff。

第三轮的竞争可想而知，必比二轮更尖锐，我如何上台啊？

5 月 21 日（四）六小时

上午练了二、三章，走了一遍 Chorale。

中午未能入睡，突然很不舒畅，因为得知要到演奏以后才能离开 Chapell，还得写信请他们给我准备用品送来啊！

下午效果极差，弹不出第一章来，两小时半过去，未生大效，脑子竟进不去，可叹！连二、三章都糊涂了。明日不能把它背熟，上台休想离谱，难道我没有这样的决心、勇气、信心和干劲吗？不，我是一个革命者，来自马列主义、社会主义的中国，为什么不在这件事上体现一下我们的革命风格呢？

昨天和米兰诺娃、尔扬诺夫、英格列夫斯基、凡登庆亭玩了捉迷藏，受了些凉，胃疼，早起头重鼻塞，但温度倒正常了。36.5度，多天都未能有这个温度了呢！

可见，前些天是不正常的，但也必须注意到我现在的低温比以前的 36.9 度要高了，至少 37 度，有时 37.1—37.2 度。唉，看晚上的效果吧，晚上必须干出第一章来，否则不能罢休。

5 月 22 日（五）

上午弹了一个半小时就去合乐队了（临时通知的），指挥很不安定，速度太快，搞得我很乱，谱子忘，技术不准，可见还得下功夫。回来记者来了！下午只练了一个小时 Franck，新曲没碰，必须晚间加工，否则如何得了。给记者照相弄得头昏脑胀，和凡登庆亭在一起照了很多，电影则拍了我和 Kuerti，此人还不错，想到中国去，读了好些有关新中国的杂志。我喜欢他，较之其他几位美国人朴实，他也认识马思宏、董光光、傅聪，他说傅还是想有一天能回到中国去的。和他谈话是愉快的。

例假来了，今天还不多，颜色也凉，明日开始吃药。

5 月 23 日（六）八小时

新协奏曲总算有些眉目了，但还须多走几遍，决定不背谱，虽然我背出来了。

丁院长来信说：能背固好，但以保证身体健康和其他曲目演好为前提，那么减轻负担，本不应过分强调背，主要是好。

夏部长、程主任、周局长联名打电报祝贺我取得的成就，党的关切是无微不至的，我得到很大鼓舞，有信心弹好这最后一轮，争取前三名。

今日又和 Kuerti 聊天，他说到我们的开会学习、自我批评等问题，他认为知识分子，可以有个人自己的想法，开展自己的艺术道路，言下还有艺术不具体体现政治之意，他希望比赛后能来看我，谈谈中国的情况，但我不知应给他什么地址，拖一拖再说，等 26 日汇报后定。

例假多了，已吃药三回，不见有何著效。难道控制不住吗？

熬药倒花去好多时间呢!

明日上午集中练 Franck 和新曲,下午 Rachmaninoff,老拉公我是可以弹好的,而且可以弹得非常好,但我总在技术上有纰漏!

这次回去,除休息外,手指上要下功夫,下大功夫! 学习的曲目要偏向德国作品和某些现代作品,把自己再提高一步。

或许得学会冷冷地弹琴,但使听众激动。彼得洛夫这类的钢琴家因有可称羡之处,但我或许更喜欢像 Kuerti 这样的演奏,我要的是话语、内容、感情,而不是惊人的华丽的辞藻。

5 月 24 日(日)五小时半

这是最后两天了。

练得不多,读了谱,明日还需做此工作。我总是一个问题,背谱,技术。晚饭后又和 Kuerti 散步、聊天,尔扬诺夫、米兰诺娃、加切夫(起哄)了。Kuerti 想到中国去,曾和英代办处谈过,问我们欢迎否。还谈了有关劳动等,他拥护我们的政策,认为劳动是 good for health、mind、soul。

他去当然好,但他的护照怎么办? 美国政府会同意吗?

今天照了相,穿的是棕色的连衣裙,料子不错,但样子确值得商榷,裁剪欠佳呢!

5 月 25 日(一)五小时

今天和 Kuerti 合了新协奏曲,第一章两遍,很有好处,也是锻炼,他还听了 Franck,我们讨论了 Tango 和某些风格处理,他的理解是浪漫主义的,他自己也说或许不 traditional。

我的确还很喜欢和他交往,其他几个美国人无聊。有点累,晚饭时也挺紧张,因为送走了 Dora,但 Kuerti 听我弹了一次,我现在反而心定了些,Franck 还是别太拘谨、沉闷为妙!

鼓起勇气、信心来,像 Kuerti 说的,will be the first three! 为了祖国,为了人民!

沉着、冷静、勇敢。

5 月 26 日、27 日(一、二)

弹完第三轮了,很不满意,一点也不放开自如,Franck 差点出大乱子。

但米兰诺娃说 Rachmaninoff 很棒,丁院长则说二首协奏曲都很站得住,他很满意,比原预计的好。

自然,能得第几名又是一个问题,它体现着艺术观点的,丁认为无法估计,完全像开彩票一样,我觉得也是如此。假如我弹得较出色,自己无疑义可得前三名,而目前不是这样。比赛会的秘书 Van Atrael 和丁聊时,说:是否能在前四名。这也意味着他觉得会在前四名的,这样当然是好了。

必须承认我筋疲力尽,全身都累和疼。这一次同志们给了我力量,让我支持到最后。但是我也必须说弹出风格、弹出水平的任务,我没有完成。弹出风格,我做到了(基本上);弹出水平,那只是第一轮,后两轮都不是,都没有——虽然丁院长觉得昨天的效果比第二轮好,尤其是 Rachmaninoff,我也仍然认为它没达上乘。

这一工作基本告终,就等宣布结果了,什么也无能为力的了。看运气如何(这是美国电视记者说的:要弹得好,也要运气)。

昨日上午排练就很累,新协奏曲基本上还好,但晚间二、三章都出问题,我的声音也较轻,丁院长说配器效果很好,老拉公则始终不自如!

Del Penyo 和丁院长谈我时说内在东西极多,力量很强,几乎每个音下去都有意思,但总觉得有些不定,大概是技术,可究竟是什么还说不出,问是否练得还不够。

此人挺诚恳(老太太想把他和 John Claude、Vanden Engden 请到中国去访问),提得很对,我自己认为是技术问题,有练习方式造成的技术问题,也有方法问题,当然除此以外,引起不足感的还有健康问题。

晚上听 Covelli 和 Ponti,前者 Chopin Ballade 无甚表情,Beethoven Concerto No. 4 太轻呵,后者则神经质,砸钢琴,不可忍受,不懂为什么会得满堂彩声。回来十一点半,幸而今天下午睡了两小时,补了昨晚之不足,但仍累极,眼圈发紫,浑身疼痛,明日丁院长意仍不去协会,在家休息。

似今日般倒也不差,上午男爵给我画像,饭前去森林散步,然后午饭、睡觉,但最多到明日为止了,后日上午练习,下午张、蒋请吃饭,下午我向丁院长建议了去看古老乐器博物馆,晚间听比赛,一切又要恢复工作状态!

不管怎样,中国作品和协奏曲得练起来的!

5 月 29 日(五)

两天未练琴。

昨日上午去友协一转,在外(与陈)午餐,回来睡觉,不料洗完澡后大不舒服,心悸、胸闷、呼吸困难、头昏,晚饭也吃不下,晚间腰背都酸疼,在家听了转播。

Rjanor 和 Syracusse 是昨晚的演奏者,前者略好些,后者极干。今上午去协会,结果也没练成琴,格里圭医生来,说我需要休息和空气、阳光,说我的血压比上周还要低,要注意。

中午魏大夫(蒋英先生妹)和张宁和请吃饭,下午去看了Waterloo。回来四点半,也没能睡好觉,起来,脸通红、头疼,火都上来了。晚间去听 Galev 和 Petrov,前者似紧张和疲劳,后者则并不惊人,Beethoven 弹得我不喜欢。到目前为止,我只喜欢 Mogulevsky,他还较有意思,内在有些东西。

就看明晚 Kuerti 如何了,当然,Evelyne Flauw 也不容忽视。丁院长说相近比分者还是不会少的,看来很难决定名次,要等开奖了!

我极累,浑身都疼,总是胸闷,不知何故,或许是血压低吧。

6 月 1 日(一)

三十一日晨宣布的结果,得第十。

我冷静地接受了它,旁人似比我激动呢。"第十"应该说没想到,但我终究是作了最坏的打算的,所以泰然。回来两点半,在床上我流泪了,任何客观原因不提,我对我自己不满意。是不是几年来的功夫白花了呢?不是,有进展的,我的技术面是拉开的。是不是真的是我的演奏有缺点,有严重的薄弱环节吗?不对,固有不足,并不严重。我不满意的只是我没像第一轮那样弹出水平;如弹出水平,我的弱点也就不那么弱了。

为什么没弹出水平呢?健康问题已致体力不支,力度没有,导致情绪不昂扬,自信不够强。今从男爵乡间别墅归来,男爵鼓励了我一番,陈也和我聊我们此行的成绩,他们大概认为我有点不高兴,有点委顿,要我别自卑,别气馁。其实不然!我这个人是在战术上重视敌人,每个环节我的确会显得自信不足,但在战略上是藐视敌人的,我从来相信自己是能战胜一切困难而取得胜利,因此每绊一跤都不会阻止我前进,不会使我丧失必胜的信念。

对于比赛我没有什么满意或不满意可说,因为艺术不可能脱离政治,比赛无例外,也是一场斗争,是两个阶级争斗的所在,它既是艺术观点的交锋,也有政治上的交锋。可艺术不是三角几何代数,它不是数字的加减乘除所能计算和衡量的。

6月2日(二)

上午在家未出去,无聊极了。

中午逛了马路,看看橱窗,吃饭。下午在 Chapell 发奖,皇太后亲授,在十二名获奖者中,皇太后独独为我鼓了掌。站了很久,腰都酸得直不起来,胸也发闷,但我相信我是不会摔倒的。晚间达尔曼请我们,太早去拜访了男爵一朋友,这完全是古代花园主的派头呢!极大的花园,树木草地,很好的地方,屋子亦是古代的建筑,女主人是俄国的贵族。八点到达尔曼家,又是一格,也阔气得很,晚餐进行得很长,我把头旋来旋去听谈话,不时发晕,眼睛也不舒服,餐后聊天直到十一点多,回家十二点了。

累极,还冷,对这些交际活动实在是不……可是又得作为一种工作、任务来完成。明日是公主请客,五日太后请客,活动多的是呢!

不断地,总有人为我抱冤,不平,很感谢。但不想多考虑这些,而要看以后该如何更上一层。

6月4日(四)三小时

今日练了琴,手指完全僵化了,使不上劲,又不灵敏,看来要恢复它还得花些功夫。一点出去吃午饭,接着参观画展,回来五点,极累,整个下午一直在心跳,胸闷,陈说我的头也不自主地跳动,可能与昨晚睡得少有关系。昨日是这样过的:昨日上午去协会,本是一些杂事,结果拖到十一点多才能去博物馆,未及细看就回来了,中午喝了葡萄酒,下午睡着,但中途男爵换衣,只得起床,晚间公主的酒会,又站了两小时,回来聊天直到十一点半,因丁院长要去海牙,赶写信,十二点半才睡,晨六时不到即起,所以较困。

老太太一眼看出我脸色不好,眼皮肿,追问何因,只得直说睡得不多。

丁院长从海牙来,说决定招待会不搞,请客吃饭,以为答谢。

十一日去海边休息三天,十五日回荷兰,荷兰的演出还在联系中,如有将于六月底回国,如无,六月下旬二十一日就可能抵京了。

我很理解丁院长急于回去的心情,想到要和老太太分手,我有些怅然,我很喜欢她了! 自然,我也高兴,又能见到小乖和刁。

6月5日(五)三小时

晨周身疼而醒,仍累,天气阴沉恐亦影响。早餐后去银行取奖金,接着去友协。老太太不同意不举行招待会,因此最后定十六日我弹一小时左右的曲目(希望与比赛的曲目不重复)。当即拟了一张,大约 58 分钟。弹 Chopin Sonate,Liszt 的《奉献》和 Study,Ravel 的《嬉水》,Debussy 的《快乐岛》和《鱼美人》,《牧童短笛》,《新疆舞曲》。

今日练习较之昨日稍有进度,但既要开音乐会,就得好好干了,这些节目还是需要练习的,有的一年半未碰,有的四年了呢!

下午皇太后的招待会,回来七时半,与丁院长聊起陈,都觉得嘴上说起来似有一套,但落实到具体问题上却全不是那回事。晚饭后又聊起德彪西讨论的问题,洗澡睡觉,又是十点半过了,一时不能入睡吧,我感觉。

6 月 6 日(六)五小时

昨晚睡得还是长的,但梦多,不断推被,梦见妈妈责怪我了,这是第一次梦见家人,而且还住在淮海中路,与外公、外婆同宅。起床眼仍肿,手紧,肩背都疼。唉,怎么搞的?

上午练习至十一时,Kuerti 来,我与丁、老太太同谈,涉及政治问题,对约翰逊的看法等等,老太太请吃午饭,席间说到美国有 6% 失业,20% 穷困,美国有六个专业乐队,队员可依此为生,二十五个半专业化的,至于非专业的则极多,也说到一些人只要能干,一天做好几处工作,赚得很多,举了他的一朋友(Cello)为例。

Kuerti 主要目的还是想到中国去,老太太很喜欢他,许多话题全是她挑动的,她觉得他还老实,而且想了解东西艺术家,且有些政治头脑,在这样的国家中是少有的。下午又练了三小时,其实很累,所以效果总差。晚间听了电台乐队音乐会,斯路斯尼弹 Prokofiev 第三,不喜欢,太没意思了,指挥我还欣赏,很灵敏、有乐感,层次、线条、结构都清楚,乐队音色好,特别是铜管!

6月7日(日)二小时半

上午练琴。

由于老太太访友,十二点就离友协。下午去 Limeret 访 Fontyn,夫妇俩极热情,我和 Fontyn 同准备点心,并哄孩子,聊到比赛和家常,虽然她的作品我不喜欢,但人我倒喜欢了。

6月8日(一)三小时

夜来乱梦,晨起心绪不佳。丁与海牙通话,使馆要三人回去商量,这一点我不同意,要回就回,商量何必三人同去。最后经多次周折,代办决定回海牙(九日)。上午达尔曼夫人陪游原子塔,送纪念品。

下午练琴,然后去《人民之声》报社拍照,谁料问起座谈会来了,问我来比印象,参加比赛的感想,毫无准备说了几句,中心意思明确,但话似应说得更好,更完善些。在那里逗留至五点半,参观了报社,我情绪很激动,他们异常热情! 可以看出工作条件是艰苦的,人手也不多,经常工作得很晚,其中有的还是非党员呢! 回来丁、陈谈论都说我谈得不错。从报社出来我又练琴,还知太后明日要接见,所以回荷迟一天。我今日不愿说话,尤其是与陈。

6月9日(二)三小时

例假又来,距上次清才十天,很不舒服,一到友协,老太太就指出我的疲劳。上午弹了两小时,一直与陈谈话,主要围绕前晚的纠纷,我说对决定没意见,但理由不充分,这三点理由原也可考虑,但它不致构成突然转变的杀局。我问他具体情况,说他谈得不详,前后颠倒,以致引起误解(先作决定,而后汇报五、六二日的活动),指出他的火气和冲动,他觉得老受批评很冤,看许多情形有许多职责是他原先不明了的,丁是领队,应负主要责任,为何总批评他?

饭后弹了一小时,去见皇太后,英国评委也在,太后送了皮包为纪念,说我应该是第四、五名,吃茶点时英国评委说了一下她对我的意见,不要弹得太快,让每个音清楚,不要加太多东西进去,而应该去掉杂质废料,使作品的全貌呈现。很好的道理。回来购了唱片四张,902 法郎!

6 月 10 日(三)

晨九时离比京。

十一时半到海牙,途中一直不舒适,颈疼,全身都疼、气闷。

中午稍休息后,代办谈话。指出要我们回来的主要原因是最近美国和蒋帮捣鬼很频繁,布隆迪事件即系绑架。

也汇报了一下情况,丁在谈到荷兰组织音乐会事时,对代办所提在使馆举行招待会演奏一项,再三说可以考虑不搞也行。我觉得奇怪,使馆可能由于名次不前对在外面大搞没有兴趣和魄力,为什么丁要反对在使馆搞呢?是急于回家吗?还是就不要我弹呢?最后决定是搞!

去挑了琴,都是小的,挑到一架也破旧,回来吃饭、聊天,说到作曲,丁说休息时可作曲,作了他给我看改,我个人还无最后打算计划。

遇京剧团医生量血压,正常 98/78,比原先高,但为何总不适?

6 月 11 日(四)三小时半

晚间有蚊,不时醒来,晨起周身疼痛。练了三小时半琴,但总想多弹些。

午睡未着,昏昏的,头晕、心跳、气闷。下午会见了荷一指挥,即原打算与我搞音乐会的,聊了一会儿,决定 21 日与少数音乐家见见面,24 日使馆举行招待会。

没有再练琴,听了 Del Penyo 的 Franck 和 Bach,Kempff 的 Beethoven,后者我很喜欢,它使我觉得我能够弹好 Beethoven。晚饭后听丁院长与使馆同志聊比赛,给家里写信。奇怪,我对家里是有感情的,为什么这一次不如以前那样想念呢?

6 月 12 日(五)四小时四十五分

上午练习,情绪还好,弹了很长时间练习曲。下午未能入睡,所以头又昏了。三时会见了一组三重奏,这类交谈很费神,他们想去中国,但又不清楚,他们的水平估计二、三流的,据说钢琴家较强,去过很多国家,举行音乐会颇多,几乎能以此为生。

他们走后又交换了一些看法,精神很坏,勉强弹了中国作品。听了 Lipatti 的 Grieg Concerto 颇喜欢,这张唱片和 Kempff 的 Beethoven Sonate 我都很得意。晚饭后与陈聊,知丁、陈对总结意见不合,丁看重艺术,的确从许多方面来说,他缺少政治观点,在与外国人交谈时也较随便,我不赞同!

由于房里打了 DDT 灭蚊,在廖秘书屋坐了一个多小时,介绍荷兰情况。十一点就寝。

又:陈先我对经济代表团团长曾与李代办说,这个比赛不花钱是不会成功的,多有意思!

6 月 13 日(六)六小时

今天弹得稍多,下午很累。

休息时丁来找,闲聊,也谈及总结收获等。我情绪不很好,或许是头疼、腰酸背疼之故吧,看、听都很费力,只望安静。晚饭后,打了一会儿牌(争上游),看电影《冰山上的来客》《柯山红日》直至十一点。《柯山红日》太差了,我受不了这种全无音乐逻辑的东西,它甚至离开了生活逻辑,真的在演戏了!

演出曲目总在弹,但无太大兴趣,想练新曲目,突然非常喜欢 Beethoven 了,Kempff 的原因吧!

回国后究竟作何计划呢?

6 月 14 日(日)三小时

昨晚看电影,入睡很迟,乱梦颠倒,晨起颇累,不适。弹了三小时琴,就休息了。饭前陈给我看丁写的总结,第一部分,流水账一篇,何能称总结?无观点,只叙述,何用?何目的?

陈又说到听党的话,组织性纪律性等,暗指上次"回海牙"的决定,我没有坚决立即跟上去,很好,应考虑!

饭后仍未入睡,起来更头疼,晕。代办夫人陪我们去了南公园和海边,星期天,人多,我全无兴致,丁也总催着要回,我觉他近日情绪不佳!! 注意!!!

六时八分火车回布市,八时三刻到,途中想到下次再走此线

时就是真的离别了，为和老太太即将分手而怅然。火车上查护
照，陈说此要放在口袋中，放包里搁行李架上太危险，须提高警
惕，丁与他顶了起来……

6月15日（一）四小时

今日去友协了，几日不见老太太，我们拥抱了很久。接到一
信，用复写纸写的，自称沈宜甲，邀我们在中国餐馆一聚，可疑点
甚多，与老太太和代办点处商量，决定不睬。最近"策反"甚盛，
比共朋友派便衣日夜保护我们了。友协在星期六午夜也有人闯
入，从顶楼上下来走掉，当时即叫警察，但隔很久才来，说也没有
什么疑点，估计是政治小偷了。老太太这下也警惕得很。中午
特地陪我们去餐馆吃饭，看有人监视没有。今天见了王允功的
女儿，她弹了 Haydn Sonate 第一乐章，Beethoven Op. 110，一般说
还好，但音乐上无甚个性，说起来倒也道理多的是。我喜欢谦
逊、朴实、单纯的人。

6月16日（二）

上午练了一个多小时，十一点去玛德兰厅，不料钢琴迟到，
十二点一刻才开始调音，只得先吃饭，两点一刻练习。大家都说
厅的音响甚好，但我觉得干了一些，钢琴是 Hanlet 的一架新
Steinway，还不错。四点多回家，略阖眼，七点就又去了，服了药，
但头仍昏，心跳厉害，是太虚吗？不能受此刺激吗？不解。

演出现场很热烈，比共中央布鲁塞尔市执委、友协等都献了
花，共五束，我都拿不住了，心里很激动，老太太再吻我。演出后
有招待会，人们都极热情，格里巴等党领导人都来了，一起照

了相。

电台要我星期四去录音,这是该做的工作,要争取,要做好!今天演出是不理想的,错音极多,Liszt 逊色,其他还可以,唉,我何时才能弹好呀。加奏的 Scriabin 夜曲,Qente 竟然不知,很多人不知,看来俄罗斯作品在这儿很不普遍。

6 月 17 日(三)一小时半

上午去协会,谈论了信件事。又去旅馆看艺术团,同午餐,遇约斯伯夫人,这人真是热情的同志!谈及演出和我的健康,说医生讲我必须休息治疗。回家前又买了两张唱片。

Kempff 的 Beethoven 第一、四、五,拿了奖章,休息一小时多,去协会练琴,准备明日上午录音。有一退休的作曲家来访,送了两个作品给我,此人是布鲁塞尔音乐大学的创建人之一,作品不甚佳,属浪漫主义,但风格杂,当然 Fauré 的影响更大。七点半去友协主席家晚餐,为安全起见,老太太找了一个开出租车的老党员(1925 年入党)专门给我们开车了。

在主席家直逗留至十一点多,我不喜欢这对夫妇,假得很。有一对夫妇送了一束花给我,还聊了很久,我倦极头晕了。

今晚起老太太与我们同住一起了,她和我同房,周六将送我们回海牙!

怎样的友情!怎样的同志啊!

遇到这些时候,我总想到这次比赛的令人不满意的结果,非常遗憾惭愧,我为什么没有能给同志们多做一些好事呢?

6 月 18 日（四）

四点多即醒——老太太的睡眠亦充分体现了她的性格！

挨至六时半起床，即去外室读谱。九时半录音，精神极不好，手下无力，键滑，Sonate 技术上也不干净，情绪出不来，不如在国内时灌的唱片。中国作品由于时间来不及，基本上是一遍过关，不准确不干净之处颇多，第三套节目的组织者加来依尔，还送了奏鸣曲的一份胶带给我，盛情！……

在家午饭，下午休息并整理箱子，东西颇多，只得把乐谱抽一部分在外面。

晚间参加京剧艺术团的首次演出和酒会，归来一点！

节目不错，但不如想象的好，原以为听众还不够热[情]，但和演员交谈后才知比的听众较意的还热情些。[1] 我觉得每个节目的突出光彩不够，所以要造成最佳的效果确是不易！

酒会上我做了一会儿翻译，咱俩的同志都开不了口的，我自己的外文也需好好努力呢，首先英文，其次法文、俄文，我要能掌握五种文字就好了，下功夫呢！

6 月 19 日（五）两小时半

晚来颇热，睡眠不宁，但老太太竟直睡至八时。上午去协会练琴，送了秘书、邦达拉夫人和打字员等礼物，她们都一再吻我，心很乱。中午回家午餐已一点多，知丁有一挂号信待领，甚奇，作多方猜测，最后决定下午陈去艺术团处取通知单，我和丁参观乐器博物馆。哪知陈一去不来，在旅馆就待到四点多，催之去老

太太处商量,又一去许久,至五点四十才接到我们,决定去邮局取之,结果竟是给我看病的女医生寄的感谢信,一场虚惊。

晚间告别宴会,我头昏脑胀,心里也不舒畅。丁致词,翻来覆去,逻辑不清,没感情,我觉得他情绪不佳,不集中,不起劲。分别时,约斯伯夫人说好的,事物到了头了,现在都要失掉了,她吻了我几次,而且流了眼泪,七月她将经过北京,但愿能见到她。席间友协送我们礼物,回来拆看送丁和我的大皮包,装乐谱用,陈的是剃须刀。老太太累极,我们便上床休息,但丁不断地在包扎,陈还忙着译给男爵的介绍信呢!

6 月 20 日(六)

今晨离比。

六时半起床,晚来一直未曾深睡,老太太安然。

早餐前她拥抱了我,我也很闷。陈赶抄给男爵的感谢信,为浪费纸的问题,我不客气地批评了他。餐桌上老太太说陈应昨天就做完这件事的,但是他却一心一意想看爆炸(信件事),还指了脑袋,说他有问题,还谈及在昨晚宴会上他大谈其革命历史,她觉得不好。

一时半去车站,秘书邦达拉夫妇专程相送,预订了头等车厢一间,朋友们一切为我们的安全着想,车上我和邦达拉夫人学习(中法会话)。十一时半抵海牙,中午代办设宴招待,下午四时半老太太等回比,我们又送至车站。

午餐后老太太又一次吻我,她说:Have a big feeling with you, but I can't explain it. 去车站途中,她和秘书一再说如果我到西欧来演出,一定要通知她们,她们来看我,我也多么愿意看见她们啊!

对老太太我有一种说不出的感觉,爱,还有怜吧!我很愿意她更快乐,我很愿意为此尽我的可能,不知以后我是否可以给她写信,我也很想把我的唱片送给她,但能有这机会吗?

我的心一直为这个离别而沉重,很奇怪,这么短的时间却会形成这样的情况,我现在太会动感情了吗?

晚间本有音乐会可听,我借口累不去了,其实我没这个兴致,当然,Richard Strauss 的作品我不太感兴趣也是原因之一。晚饭后顺便聊起,结果却变成对陈提意见了,陈的态度还好,我觉得他也懂得了我的意思。我一直奇怪,陈参军很早,为何骄傲自满,架子如此之多,我说一切都不可能是无意识的,不是有意识的,但是潜意识的!

明日要招待经济代表团,幸好决定我不弹了,否则晚间还得加油呢!

6 月 21 日(日)

早晨,弹了两小时半,即去音院会见院长,还碰到一位作曲家。回来一点,经济代表团刚入席,有两人未到,丁和我去补了缺。餐后临时要我弹琴,弹了《狂想曲》《牧童短笛》和《新疆舞曲》,又聊了一阵,客人走已快四点,看见他们我总想到老太太!

饭后玩了一会儿牌,使馆有迎新送旧会,放电影《碧海丹心》《铁道游击队》直至十一点。怅然的感觉一直不离开我,唉!

6 月 22 日(一)五小时

总是觉得累,头沉,晨起较迟。

上午练了近四小时，弹了一个拉公"第二"。

下午也练得不多，看了 Mozart 的 C-dur，很喜欢，决定弹它，听了 Kempff 的 Beethoven，二、四、五都比较喜欢，我觉得更喜欢他（甚于基勒尔斯），想如果钱允许的话，把一、三也买了。Mozart 的钢琴谱也买。

丁告我还可有 643 法郎，他说明 243 在莫斯科给我 9 卢布，400 在此给我，这样也好。

心总不定，不知回去后究竟该怎样才好，要不要去肖邦或巴黎比赛呢？要不要回上海呢？还是九月底回去？工作问题又怎样？一连串啊！

我仍不时想到老太太，情绪不振，不好！！

6 月 23 日（二）三小时半

上午练了琴。

精神总不好，头沉、腰背疼。

29 日无机票，改为 30 日飞机，当晚接着去京，仍是 1 日到。

丁颇想早走，但下午代办谈话后说 30 日走，才定，代办意总结要做好，丁却想马虎行事呢。下午去了商店买了胶带、箱子、电剃刀，买了扩大器。

其余东西要 25 日、26 日才买了。

明日演出，情绪愉快为首要。

6 月 24 日（三）

今天很晚才练琴，弹了不到两小时就休息了，有些累，但较比赛时好多了。下午未能入睡，艺术团刘团长和邓翻译都来了，邓住我屋,影响了我。起来,决定还是吃 1/4 药片。还洗了澡,两肩有些重、疼,又弹了一小时多。

晚间来者倒也不少,六十人左右,这是使馆第一次搞这样性质的招待会,代办说替他们扩大了接触面。今天我不紧张,但琴不太好,因此 Haydn、Debussy 等的效果不太出来,Liszt、Prokofiev 和中国作品反映较热,当然它们本就较有效果,容易抓人。

酒会后,陈、廖、焦专员的爱人等都与我喝酒,很久未喝,而且空着肚子,喝得又乱,幸而未醉倒呢!(我喝了一杯红葡萄酒、两杯茅台、一杯白葡萄,又一杯红葡萄酒。)

酒会前知 30 日机还要在伊尔库茨克转中国民航,须候,决定 27 日动身了。

也好,出乎意外的 28 日可回京,但心中不免惆怅,总觉得事情没多做些,没做好,对不起大家。

睡觉了,已经一点半。

6 月 25 日(四)

昨晚喝酒,又睡迟,但晨醒颇早,胃内不适,头疼,即起,梳洗,看书,去厨房喝了汽水以解。

上午躺床上看了书。下午去阿姆斯特丹,观画廊,逛百货公司,游河,在福兴吃饭,听音乐会,电台乐队演奏拉威尔、普朗和荷一作曲家的"帕替塔"。

画廊不如布鲁塞尔、布留其的吸引我,仅伦勃朗、弗朗士、豪尔的较好。

游河兴致不大,吃饭也挺累,没有食欲,想吃冷饮,后小卢特地去买了冰淇淋来。音乐会我很注意,但觉得厅的音响不理想,很闷,乐队的色泽光彩、层次不够,指挥较严谨,不知怎的我总想起布鲁塞尔的电台、乐队和指挥 Steinfield,那次印象实在很好,清澈、晶莹,结构层次分明,指挥既细腻,又有气魄,既严整,又潇洒。

回来十一点了,略整理了一下,决定睡觉,如果明日继续头疼,那后日上机麻烦。

6 月 26 日(五)

上午正在汇报总结,国内文委来长途电话要我们在荷待命,暂勿回国,于是一切停顿了。下午去百货公司一转,也无甚可买,礼物还无下落呢,如何是好?

晚间听 Amadeus Quartet 拉 Haydn Op. 77 No. 2、Bartok No. 4、Schubert Op. 29,较喜欢 Schubert,对整个水平略有些失望,Haydn 过于夸张了。

回来时感觉很冷,喉头不适。

6 月 27 日(六)四小时半

上午去观全景画,参观国际法庭,后者不错,周围风景挺好的。回来得知驻芬使馆来电话要我和陈三日前到芬,还要演出曲目,但更多情况仍不详,国内无电,代办说今日再无,要去电催问了。中午拟了两套独奏会曲目,又得开工了呢。

今日周身疼,喉部仍不适,痰多,看来昨日受寒不轻。晚间看了电影《小兵张嘎》,再次整理了一番箱子。

6 月 28 日（日）六小时

今日练了较多的琴，还洗熨了衣服，极累，头也疼。

老沈告我去芬是参加一个 Art Festival，其他都不详。

决定 30 日飞莫斯科，转道去芬。下午丁陈去参观港口鹿特丹，我没去，练琴为要，明日能弹多少还是问题呢。剩下的钱必须花掉才是，那么就得上街了。

6 月 29 日（一）

上午练了琴，但效果不甚好，急于想弹的 Beethoven、Ballade、Debussy 还无谱。下午出去购了东西，把最后一分花完，但没买到称心之物。

晚上汇报总结，代办也谈了意见，着重在艺术家中要做、能做些工作的，出来是一个集体，行动要有商量，对外要有计划些、有底些，不盲目行事……

还去代办屋坐了一会，估计丁不能接受这些的。理东西，直至十一点多，累极头疼。

6 月 30 日（二）

今日离荷，行前代办为我们饯行，祝演出胜利。十二点五十起飞，四点十分抵莫斯科。在机场候车，拖了近一小时，乘机本就使我头疼、头晕，这下更糟。七月二日能否成行还成问题，此地文化处完全不了解情况，还待明日联系。

遇王司长，谈了好几个钟点。现在已是九点半过，莫斯科时间快十二点了！

7月1日(三)三小时

7月2日(四)三小时

　　开始练琴,主要弹 Ballade 和《水中倒影》。和北京、赫尔辛基都通了话,知初步定在中部城市一场独奏会(艺术节举行处),在赫市电视,其他要到后再谈。买不到二日票,只得四日走,匆促了些,但也无法。今上午仍不好,头晕、疼,无力,肌肉都疼,昨晚睡得不好,连日疲劳未恢复。

　　皮箱托外贸部孙敏带回,扩大器则将请俞慧钧带,减轻不少重量。昨日和胡国尧聊了很久,谈到比赛的作用,胡的看法基本上从名次等角度出发,我认为不太对。

　　今日又和陈聊了很久……

　　丁今晚回京。

7月3日(五)五小时半

　　今天练习较多,但我练了第二首 Scherzo 和 Nocturne H-dur。明日十六点半的飞机去芬,所以上午还可练习。昨晚仍睡得不好,不知何故,乱梦甚多,梦见男爵、陈、小乖、刁等,还有许明德,岂不怪;前晚则大呼大叫,我在开枪射击。晨起腰背疼、腿都疼,头昏、重。难道是气候关系吗?为什么影响如此之大呢?

　　傍晚,散了步,很累,腰背疼,腿抽筋,因此早早归房。

7月4日(六)两小时半

　　上午练习,早早结束,休息。下午二时半去机场,四时半起飞,七时一刻(赫时六时一刻)抵赫。使馆文化处吴钟骏、吴钟璐来接,并献上花一束。晚间大使请我们吃饭。观电影《满意不满意》《紫禁城》《拉萨河边》。

我服了安眠药半片,准备睡觉。

7 月 5 日(日)

一天不碰琴。

晨起遇宫廷参赞,聊一会,观花园后,宫参赞与小吴又给我们介绍情况,这次他们请了殷,殷不能来,请李、刘,刘又不能来,对方说怪话了,于是转为我,才能休,因此节目单上印的还是刘(国内还考虑老远来演个一两场,经济上不会算,故想不派)。

下午睡了一会儿午觉,小吴和大使夫人给我谈论解决衣着问题,据云非穿高跟不可,还要化妆,因此着实忙了一番,借了鞋、风雨衣等,皇太后的手提包也用上了。

六时二十分,离赫飞 Jyv-skyl,塞布、努米及夫人来接,并请吃晚饭。说到节目,也说到电视录音问题,电视台定九日下午一时演奏《鱼美人》和 Ravel 二首小品。

十一点三刻分手,要了茶和毯与陈谈了一下,陈总想吻我,真不应该。

明日该练琴了,从来没在演出前如此松弛呢!

7 月 6 日(一)三小时半

上午在演出地点弹了一小时,钢琴是 Steinway,但较旧,音色干硬,明晨 7:30 才能再次试琴,而且仅两小时。下午记者招待会,木木的提不出什么问题来,后去音院练习。两小时半快三小时模样,开始觉得手挺笨,后来才弹开了。

回来时头很疼,胃也疼,服了药片,晚餐还喝了葡萄酒,人有些发热,但倒较舒服,想睡觉了。明晚演出,为了党,为了人民,为了祖国,勇往直前,弹出最高水平!

7 月 7 日(二)三小时

7 月 8 日(三)

昨日演出,晨7:30即去厅练习约两小时多,这是大学的礼堂,音响不错(不是砖就是木的建筑)。回来极累,不知是天气变化,还是怎的,全身特别是肩、上臂、腿疼痛,上午的其余时间和下午都躺在床上,背了一会儿谱。

晚间演出还算镇静,但不理想,未达第一轮水平。反映颇佳,八次谢幕,加弹了 Debussy 的 Study,但我从感情上,直觉热度不够,不知是否为此地风格。演出后大使还举行了招待会,海尼加尼说没想到女钢琴家有如此高的水平,技术、艺术都达到高峰,科学院士音乐部门负责人说我的风格极好,人们有的称赞 Prokofiev、Chopin,有的称赞 Prokofiev、Ravel,有的则说 Haydn、Ravel 好,也有的说是 Chopin、Ravel 好。

招待会后还吃了晚餐,回旅馆睡觉已两点半。今上午大使带我们参观了当地水塔,送了木雕鼠作纪念。中午十二点二十五分飞机回赫市。下午略弹了一下琴,准备明日电视录音,晚间极累,但参赞提议放电影,遂看了《东进序曲》,不错,很有意思!

革命呀! 永远革命!

我真想回去。

7月9日 两小时

晚间睡得不好,晨醒,周身不适,也许着凉了。弹了两小时琴,肩臂极累,为录音节目问题还折腾了半天,直至下午行前才确定是肖邦四首练习曲和《鱼美人》选曲。

从两点半试镜头直到完成已是五点多,弹得很不好,但亦无奈,钢琴是 Steinway,可旧了,声音不好听,没有变化,最糟的是 Op. 25 No. 4 的练习曲,我自己也没弹好,无怪当时紧张出错了。晚饭去散了步,吃冰淇淋,去商务处玩,喝酒,吃草莓等,还打了台球,头疼稍减。

7月10日、11日

接连两天,无所事事。

参赞初步定我们星期二(十四日)离芬,但还要看电台录音问题怎样。十日上午访友协,不友好!主席是老修,谈话中一句友谊也没有,提出问题都是带有恶意与污蔑式的,问中国青年作曲家的倾向,是否采用新手法,中国音乐的派别,传统的、西洋的是否有剧烈的争论(他们认为二者是对立的)等等,再三说明,才能休,我当时火气上来了。

晚间看了一下电视,一个芬兰电影。十一日上午游了自然博物馆,露天公园中有芬兰各地的建筑,登了奥林匹克运动场的高塔。下午和陈打球。晚看轻歌剧,音乐以西班牙民歌为基础,无甚意思。使馆在放电影《野火春风斗古城》,回来看到片尾。我宁肯看电影呢!

总是头疼、累,肩背腿疼,天气原因吗?这儿仍较冷,且太阳不多。

今日读了胡耀邦的报告(第九次团代会的工作报告),受到激励,一定要不负期望,努力革命化,彻底革命化,做一个真正的革命者,一个共产主义的战士,一个共产党员。

上午出去前,陈谈到使馆,觉得工作飘在上面……

吃早餐时读了一下评论(英语),出乎意外的每篇都说我的演奏是 energy、virtuoso、temperament 的,一致肯定 Prokofiev Sonate,有一篇说像李赫特式的演奏,但每一份都说到我的不足,是在细腻、诗意、抒情等方面,也有说弹得不清楚,对 Ravel、Chopin 意见较多。不怪吗?

他们认为不好的,实际却是我的专长,我不得不怀疑厅的音响了! 自然,还有一点可以估计,这些评论都是年轻人写的,看法自然与老一辈如海尼加尼之流不一样,后者特别称颂 Chopin Sonate。

另有一点情况可猜测的是,他们表面热,而内里冷,我的感觉也如此。今日游玩归来,我止不住思念比利时,思念老太太和约斯伯夫人了。

唉!

还有几天就要回去了,估计这儿的录音费我拿不到的,但我很高兴自己在这方面一直是不计较的,应该永远如此;相反地,我一直遗憾这次无论在比、在芬我都没有把工作做到最好,真像庄则栋说的,我在关键处还没有过硬!

今后要找出差距,努力前进,为了党和人民,为了革命,我应该成为第一流的演奏家,演奏好西洋古典作品,演奏好反映我们时代和人民的我们自己的作品!

如何做好这一些呢?

我首先要突破的一点障碍是健康问题,再不能撑,那不是实事求是,那不是对革命负责、对革命有利的做法,要有决心、有信心、有恒心地对待这个问题,我不战胜它,我就不能成为一个真正的战士,一个革命者的!

7 月 12 日(日)

7 月 13 日(一)

12 日晨助伙房包了包子,十一点午餐,然后出发去炮台岛一游,由宫参赞陪同,在岛上全都步行,回来较累。晚间为使馆同志演出弹了 Haydn Sonate、Chopin Scherzo、Liszt Rhapsody、Scriabin 的 Nocturne,Ravel 的《戏水》《鱼美人》四首,以后又加了 Debussy Study 和 Prokofiev Sonate。同志们也演了合唱、小合唱、独唱、笛子、独奏等节目。

之后还放电影《万水千山》。回来与陈、吴钟骏聊天,直至两点半才睡觉。今日晨起极累,周身疼还热,早餐时参赞谈起稿费问题,我觉得很不愉快,是不是这就是那么重要呢?有没有都一样的!上午听了罗忠镕的第一交响乐,交响诗《保卫延安》和《穆桂英挂帅》。《保卫延安》紧凑些,但总的不错,我还喜欢,我体会到我们文艺作品中的主流,的确应该是这些反映时代、反映革命的作品,这样才能真正起到教育、鼓舞人民的作用,使每个人为革命献身。下午参观了历史博物馆和动物园,由于关门在即，博物馆未及细看、全看。晚间听了"九评"[1]的一、二部分，即入睡。

周身又疼，还是疲劳啊！

已定星期四离芬，星期日可回京了。

7月14日（二）

昨晚入睡颇早，但疲劳似更发泄了。晨，与陈去湖边散步，十点半后去参观美术馆，不十分喜欢，格调低沉，也看到一些现代派的作品。下午略入睡，三点本想听九评，找不到波长，去协助翻译对我的演出的评论了，许多问题，既有外文程度问题，也有中文表达和句子组织的问题。晚饭后听广播，二次广播之间为大使讲解了肖邦的叙事曲，莫扎特交响乐 g-moll，柴氏第四的第一乐章，广播结束后在大使处还聊了一会儿，吃了香蕉和糖。回屋又是十一点半，下午起床时简直累得很，身上疼，但这一连串的事情又搞得我兴奋到极点，就是头疼加剧了些。

明日要开会，谈谈这一阶段工作，晨散步时也与陈聊起，陈光想聊，而不动手，只动口而不动脑、动手，想等别人供给材料，真是做小领导的派头呢！嘴上说得漂亮，理论似多得很，自己又做得怎样？

我总不能喜欢这个人，他所说的他的一些事，我并不全信，他过于会打扮自己了！

特别使我反感的是他慷公家之慨，用钱不在乎，我说过几

1　1963年9月至1964年7月，中共中央以《人民日报》和《红旗》编辑部的名义，相继发表9篇评论苏共中央公开信的重要文章，以系统回应苏共的攻击，简称"九评"。编注。

次,他当时脸红,过后照旧。

"谦虚""谨慎",离他远得很,夸夸其谈,自以为是,妄自尊大,是他的潜在本性,我批评他一切由潜意识促成是不错的。

7 月 15 日(三)

今天是在芬的最后一天。

上午开了会,谈谈访问成绩反映,大使、参赞还要我们对使馆此次工作提意见,我实在说不出什么来,使馆从各方面对我们照顾得极好,把我们当大客人接待,简直惭愧!

下午助使馆小徐翻译评论,我情绪很高,这是很好的复习外文的机会。晚间大使又请我们吃饭(喝了茅台三杯),送了画册和芬民间乐器为纪念,又映电影《野火春风斗古城》,隆重得很!我还从未遇到有一个使馆是这样接待"客人"的。

7 月 16 日(四)

中午离赫,使馆全体送至大门口。下午两点半(芬时)抵莫斯科。无周六机票,必须候至下周二,故在此要多作耽搁了。

不知是否会要我演出?好像也应该的,这也是为人民群众服务。这几天都睡得不多,但今日乘机反晕得不厉害,看来机舱空气新鲜是首要条件。周二之机,我们将在伊尔库茨克换中国民航的,不知将怎样?

7 月 17 日(五)一小时

7 月 18 日（六）五小时

昨日上午访文化处，打乒乓球、洗发，下午练了一小时琴，准备今日为使馆演出的曲目，因试放电影中断，趁机看了《周总理访问北非》。晚上看电视，有音乐会，也有电影，听到了柯兹洛夫斯基和列米谢夫，很喜欢。今日上午练琴，下午也练，把《洪湖》凑了出来，但有些地方仍模糊，印象淡泊。

晚间为使馆演出，弹了 Haydn Sonate、Chopin Study Op. 10 no. 12. 4、Liszt Rhapsody no. 12、Scriabin Nocturne Op. 9、Prokofiev Sonate No. 3。贺:《牧童短笛》。刘:《采茶扑蝶》。丁:《新疆舞曲》,《鱼美人》选曲。外国作品每首都略作解释。

情绪不错，但技术不佳，这是我要努力以求平衡的点。最后一次演出，本来今晚有机票的，因要我演奏而让他人了，唉！一种抱愧遗憾的心情总占据着我，只能从以后去弥补了。

演出后看了"周总理访阿尔巴尼亚"及罗马尼亚电影《第29号矿井》。散步一会儿，回来已近一点。

7 月 19 日（日）

昨晚上床已两点多，但不到五点即醒，挨至六时余起床，在使馆院中散步近一个半小时。十点午饭后，去市中心购唱片，为数不众，希望买的皆无，如 Gieseking 弹的 Debussy, Rachmaninoff 的一、四、五协奏曲，各花 19、10、9 元，其中有 10 元人民币是陈借给我的，他不买东西。比较高兴的是买了两套歌剧，可想一听呢！

晚间又看了电影"今日中国"第九号《断手再植》，苏联纪录片《堪察尼加》，英国故事片《罪恶家庭》（监察员来访）。

整一天都挺累的,幸好目前无工作了,付出些体力不打紧。还有两天半就要回国了!

7 月 20 日(一)

一整天几乎都在唱片中消磨,听了两套歌剧,老柴的浪漫曲和 Mendelssohn Concerto、Chopin Grand Polonaise,都喜欢,但与我们今天的生活、今天要表达的太远了,多听有好处吗?不禁想到如果立足不稳的话,是会陷入或沉入到那样一种境地,那样一种感情与精神世界中去的。评论都抄完了,最坏的两篇都是十一日出的,值得推敲!

在看斯坦尼斯拉夫斯基的《我的艺术生活》,有不少有趣有益的启发,特别是激情时肌肉的放松等问题,可惜来不及读完和做摘记!

口中破得厉害,牙也痛,大概还是火太旺了。这几日茶水喝得很多,但仍不解决问题,奈何?

明日参赞请吃中饭,晚上启程。

顾圣婴（后排右二）在上海随谢洛夫（前排右二）习琴时合影

1956 年 12 月，顾圣婴（右三）到中央音乐学院随苏联钢琴家塔图良学琴时
与老师及部分同学合影

1958 年 8 月 26 日,顾圣婴赴日内瓦参赛,殷承宗与李名强赴罗马尼亚参赛。

图为登机情景(在北京机场)

波兰方面为顾圣婴(左二)、林玲(左四)访波举行招待酒会

演出结束后向热情的观众致意

波兰政府文化官员与顾圣婴亲切握手

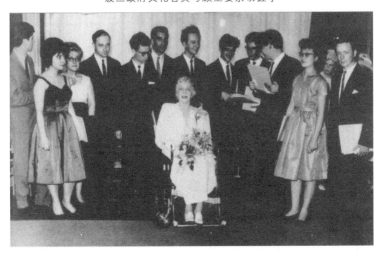

伊丽莎白皇太后接见获奖参赛选手（右二为顾圣婴）

与部分参赛选手合影（前排左二为顾圣婴）

在参加比利时伊丽莎白皇太后国际钢琴比赛途中和部分参赛选手合影（前排右三为顾圣婴,右四为丁善德教授）

顾圣婴与俄语翻译家刁蓓华合影于中央音乐学院礼堂前（1960 年）

顾圣婴与钢琴家蔡馥如、蔡郁如、黄月华合影于上海（1961 年 8 月）

丁先生：

谢谢你的来信。虽然今天才收到，但总是令人快慰的来。妈妈说，你们真不忙呀一又话一句！

寒假过得怎样：身体有进步吗：各个关节部门有没有锈上油，活动些了没有：家务事忙得如何：可曾包起饺子，走炉下锅呢：想来定是鲜美异常，滋味无穷。不知你偏爱了那些馅儿：我可馋得很味！

非常抱歉，上次发信用了个贺卡片的大信封，使你受惊，其实全是幼别园小鬼的一派稚气。你还是趁早别再玩味了，趁快来一番告诫吧！

说真的，上次发信後，忽感觉有好些想法都没写上，因此前几天还想添上几行，以期指正。後来由於忙了、累了，就搁下。

但是这一周来遭遇到的事情，却脖幸使我想起这一题目，甚至大为激动。因而我打算把这些作为一个正式的题目来听取组织的意见了。

非常可贺。最近老听屋传我快要甚至已经结婚了，不能说想这股风从那里刮起来的。新年里措偷多来坊。说起教授和阿丰的事，也带了附伴。原来学校里还有人在鼓动侯农丰、欣的友谊，甚至对教授说，你一直说欣好，为什么靠找上王呢？莫明其妙，亦无原则的话，把自己的宝惜毫於何地！

顾圣婴书信手迹

卷二 书信

肖邦 降 A 大调幻想波兰舞曲

顾圣婴演奏

德彪西　快乐岛

顾圣婴演奏

刁先生 [1]：

来信悉。

已定 6 月 6 日离沪赴津，周末演出，早则 10 日去京，迟则 11 日，在京期间估计将住旅馆，因有黄团长同行，练琴想争取在剧场和音院，但看来时间不会很多，因为 13 日就要与乐队排练了。

音乐会的日程基本上确定：16、17 日独奏会；23、24 日协奏曲（协奏曲由黄团长指挥）。这以后还会逗留几天，为中央台录音——录音工作这几天已开始了，但估计上海这边来不及完成，而且他们还想录协奏曲——希望在最后几天里，能有时间谈谈各种问题。

上海之春期间我共弹了四次，第一次情绪很进去，或许过多了些，错音莫名其妙，从录音里听来，某些段落与句子不够果断有力，总的显得不挺拔、不稳定。第二次在音院为文代会演出，感情较之稍加控制，某些地方稍作夸张，但基本上心绪不坏。第三次是同一晚在音乐厅，因为是第三遍了，精神与力量都不够，热情全无，脑子也糊里糊涂，企图以表现来弥补，但仍有塌下来之感。第四次在解放剧场，前一天刚听了录音，明确了好些问题（一些弹奏时感觉不到的，或是想的与做的不合一的问题），因而上台时头脑清新，力求克服弱点，力求演奏得完善，而结局呢？四次中是数这一次在构思与技术上最完整，说来毛病较少，但是感情不充沛、不畅达，也缺少真正激动人的深刻东西。听众反映，第一次很热，第三次掌声虽然持久，但热度略减，第四次却是

1　顾圣婴与之保持通信的"刁先生"可能是指俄语翻译家刁蓓华，但也不能确证。编注。

出人意外地大受欢迎——我不是勤于弹 Encore 的人,那天却弹了三次——但是我知道这是煞有介事吹嘘的结果,第二次有许多音院的人听,一般都说好,有人接连听了第一、二、三次,认为第二次所有的效果都出来了(当然这和钢琴、礼堂的音响都有关系),称赞说非常好的人中就有"苌弘",我感觉遗憾的是第二、四次没有录音可听,不能再作衡量,肯定第一次非佳期作,过分的情绪与其说由于冲动,还不如说是紧张所致,但第二次我也不满意,第四次则不是一个艺术家应该做的,不应该引为演奏的标准的。

李教授在上海之春中弹了 Ravel,我共听了三次,也就是说每一次我都听了(音乐会二次,录音一次),有近九个月未听他弹琴,这一次又有了机会进一步了解了解他,你看,我就喜欢从这些地方去认识人,可是我也认为这样才有可能把人剖视,这是很有趣味的!教授使人惊讶,也使人惊愕,我迫切地等待着他后天的独奏会,我想听见他的生活之道,为人之道。

洪腾这次弹的是 Bach Partita No. 2,手指还干净利落,但节奏不稳,她的 Bach 近于 Mozart,我想与触键太轻飘也有关系。

关于"苌弘"的那篇文章,没有更多关心与讨论的价值,它不过是半年来从音院飞来的几枝羽箭之一,这些箭有对我,也有对团,更有一箭双雕,黄团长则经常为这些劝慰成团长:"算了、算了,把气量放宽些!"我想也确乎如此,如果事事耿耿于怀,计较衡量,那就不是全心全意的革命者。

至于上次信上的那些发展部(我已记不起我提出了些什么问题),仅仅是最近的一些浅薄的想法,对于别人关于这方面的意见我是非常有兴趣的——但是还很少看到在论表演时提到涉及这些方面——可我目前对此还是保持沉默的态度,只希望多看、多听,然后再找寻!

想说的很多,但似乎应该抑制兴奋上床去了,这几天闷热,又比较难于生活!北京气温怎样?

我现在纯属大汗淋漓:"上海之春"时才十五分钟节目,可是汗滴到键上,内衣湿透,我希望北京虽热而不闷,气压高些,那么其他都可以顺利些了!

祝好!十天后见面。

圣婴　6月1日(1962)

刁先生:

回家近六天,但一切还在进行中,尚未就绪。

值得庆幸的是,我居然仍保持着这一两个月来的心情,忻欣、愉悦,觉得一切都是生气勃然,新鲜而有趣。

虽然每天都是出出进进,甚至一日三次,竟也毫不感觉负担,得空就能坐在钢琴前弹起来——颇为满意的是肖邦的四首练习曲(作品十之一、二、七和作品二十五之四)基本上出来了,此外,受 Ravel 的配器手法和效果的引诱,为了满足一下自己的兴致和劲头而弹的图画展览会,似乎也不甚费力。

当然,安静下来想想,也就明白这不是亢奋的结果,但我的确也是想多弹,因为我觉得,无论举手或抬头,较之以往任何时候都更有准则,更有目的,更有信念。

圣婴　12月3日(1962)

这是第四次开始写信了,希望今天能结束,第一、二次写的全都进了垃圾箱,实在不能寄出,或许是脉搏过于急了些,所以语无伦次了,请你原谅。要安静耐心。我一直保持着哑巴状态,用手势来代替发声,处处小心着别说太多,免得坏了规矩。

可能过几天要上气功疗养所,但十二月已将去了六分之一,只是我不打算改变原先的计划,一月二日一定开始新的学习,已给自己定了第一个目标,用六天的时间把 Prokofiev 的第一协奏曲弹出来,这纯粹为了熟悉近代作品,为了锻炼!第二个靶是古典奏鸣曲一首,Schubert 的即兴曲四首,Chopin 的第四叙事曲,四首练习曲和李斯特的练习曲二首,关于 Liszt,我想弹《黄昏的和声》及《狩猎》,你认为怎样?(《鬼火》不想用,因为与 Chopin 和 Debussy 的有些雷同。)古典奏鸣曲一直未解决,给我出个主意吧?Mozart 的 B-dur 太长了些,A-dur 我不是经常的喜爱,D-dur 似乎太单纯,而 a-moll 的第二乐章又太冗长,故总是举棋不定。你说,弹哪一首好,弹哪一位的作品更好?

数日前正值音乐院的校庆音乐会,听了交响乐队演出的那场,极有感慨。它是由高年级学生、部分青年助教组成的,在技术和经验上固然还存在着这样或那样的不足,但总的面貌是上佳的,情绪饱满,思想集中,每个人都努力在这一集体中发挥自己的力量,听得出一个是一个,绝不滥竽充数。弦乐部分相当整齐干净,若按上海交响乐团的成员的水平来说,不应该有所逊色,可是实际上却是不然!

前天参与了乐团的八届十中全会的学习,听到了从各个声部来的"妙论",我自己尚未很好地学习过这一文件,但是这些妙论却不能不令人吃惊,它所反映出的不是别的,只是说明政治基本功太薄弱、太差劲了,而也就是这种政治上的"娇"导致了业务的"骄",自以为是,碰不得,于是演奏也停滞不进。

音院提出不赶乐团的口号,我想如果这次不像五八年时在思想上来一次大整顿的话,那他们要完成这一指标是无需几多时日的。

苏联的那位指挥演出了吗?听黄团长说是一位大人物,政治和艺术上都各有一套,你的感觉怎样?钢琴家除了协奏曲外,还举行独奏会否?据说作风很飞,但艺术还不错,大提琴家到了没有?在北京演出吗?如果你不忙,介绍一些音乐会的情况可好?

施鸿鄂最后还是到上海,分配在歌剧院,全家于星期一傍晚到的,"四重奏"和严院长都去接了。听说昨天上局长家小游,我恰巧都动弹不得,因此没见到。阿丁头在电话中告我小家伙极尽"嗲"之能事,小鬼是相当聪敏伶俐,妈妈教育得也不错,不知将来会发展成什么样的人物。她的表现欲相当强,也有些任性,可能还需要适度的引导呢!

12 月 5 日

昨天又未结束,只能再拖一天。

你这几天忙些什么,有时间写信了吧!我想讲座该过了,成绩怎样?

今天朱兄给我来了电话,她是受令堂大人之托来通话的,因为阁下很久未写家信,故而忧虑你是病了,问我在北京时看到了你没有,身体可好,最近可忙,还问是否有信给朱兄和我。

回来后第一次与朱兄讲话,所以你的委托一直未完成,幸好没有开口在先,否则你又快失约了!(我想了一下,估计星期天你必是备了课或其他事,所以没空写信中。)朱兄最后嘱我,给你去信时提一下:赶快写信!如何?

收摊了!似乎还有些事要说的,一时记不清了,下次再说吧!

祝好!愈写愈草率,请见谅。

代问候黄月华,小航痊愈了吧!

问好毛邦安!她在看信吗?给我下了什么批语?我很喜欢她的直言!

对了,教授十日左右去京,会演以后还将去天津、西安、武汉、成都、重庆等地演出。

圣婴　12月6日(1962)

习先生:

非常、非常高兴读到你的信,而且衷心感激。

也说实话,我还没发信就算过那一天可以有回信的,因之,昨天傍晚学气功回来稍有些失望,我的猜测是:与朱兄一样要受一些惩罚,因为我拖了那么久才发信。

看来令堂虔诚的宗教信仰感应了上帝,因此有所预感了,否则怎么恰好在那几天里感觉阁下生病了呢?现在完全没有什么了吧!

还不能想象"铁拐刁"的形象,您的铁杖从哪里来的?陈述一下自己的愿望,我不喜欢你经常与八仙打交道;而假若你真想占去李仙的莲座的话,那我奉劝你还是当"卧佛"的好,当然,最理想的还是你别成仙、成道、成佛,人的生活终究是最有意义的呀!

先生的教导全都领会了,把自己的想法一一汇报如下:请指正。

关于曲目:普罗科菲耶夫的协奏曲改弹第三首,虽然较第一首复杂些,但没关系,考验一下自己的能动性吧! 如果您能给我上函授课,那就更是开拓了道路了。

李斯特的练习曲仍在犹豫中,用《狩猎》并非出于喜欢,只是需要一首技巧些的,效果大一些的练习曲而已,可是翻了好几次谱子都找不到很合意的,于是拿了它。您觉得有别的这种类型的练习曲吗? Chopin、Scriabin 都不是这样的作曲家和钢琴家,所以只有李斯特了,《黄昏的和声》也不完全定,因为长篇的和弦很多,需要的气相当宽厚,怕顶不住,因而又考虑过《侏儒》。你认为最好怎样?

古典奏鸣曲现在 Haydn 和 Mozart 的 D-dur 二首中决定了,不过真要下决心恐怕也难,因为 Haydn 的这首我也想了好久了,可是似乎我又该弹 Mozart。当然,我不应该把这些问题总是烦你,可有时确是盼望和需要有人下个命令,我也就能开步走了。

关于艺术与生活和修养的问题,赵院长和你的基本观点,我完全承认、同意,而且也是这样主张的,但是不同于你的说法的,我觉得世界之大,生活之广阔,每个人处于其间,总或多或少有一定的局限的,必须说,人应该努力扩大视野,丰富生活,提高修养,但完成这一义务、使命的方式不仅仅只是实践,身体力行,它还可以通过间接的办法去获得——前人的著述,老一辈的经验谈,亲朋之间日常的对话,这里面都包含着不同的人的经历、知识、感受,当你倾听、理解、熟悉,有所体会的时候。也正是知识在增长,想象力被丰富,感情被启窦向新的领域的时候。否则,没有做过魔鬼或见过魔鬼的人将不能塑造这种丑恶凶残的形象了，没有痛悼逝者的经历的人将无法描绘葬礼了，在爱情上一帆风顺的幸运儿或许也将无从表演《罗密欧与朱丽叶》这样的悲剧了……自然，我说这些并不意味着它可以替代实践，但是，确可以弥补当力不能及时时间的不足。所以，我觉得，偏颇了任何一方都不会、不可能是全面的。你的意见呢？

12 月 14 日

　　昨晚去听了音乐会，这是他们在上海的第二场演出。第一场是柴科夫斯基的作品《罗密欧与朱丽叶》《幻想序曲》《洛可可主题变奏曲》和第四交响乐，第二场交响乐同，序曲改为格林卡的《鲁斯兰与柳德米拉》，马里宁弹拉赫玛尼诺夫第二协奏曲。

　　整个晚上，我比较喜欢交响乐的第三、四乐章，指挥家的指挥语言极其丰富、生动、鲜明、果断、确切，而在这两个乐章中和乐队的彼此呼应很好，因此一切东西获得齐分体现的可能，第一、二章我觉得他自己未进入音乐，尤其是第一章支离破碎了些，而且音乐形象的塑造也比较特别，舞蹈性的弹性节奏过多了，与那些苦闷、复杂的矛盾很不相称。第三章的处理也不一般，可是饶有趣味，表情生动，相当引人注目。他的序曲不太令人满意，也比较散，其实只有四五分钟之长，可是他的才能与个性是很鲜明的，但是看来他自己要毁掉它们。从技术上来讲，昨晚什么也没有，到处在混，即使第二乐章的中段也是如此，我怀疑他要忘了谱子了，常常只听到旋律，而其他声部作嗡嗡声，刚刚出来一些抒情的如歌的音调，马上就用一次次的 Rubato、dim 忧伤、缥缈的感情来替代了，最要不得的一次 Rubato 是在第三章

92

第二次 Candenza 前八小节处,简直快扭成了 Jazz 型的节奏,当时我发呆了,完全没听见接下来四小节 Tutti 是如何过渡到 Cadenza 的。另外,我非常奇怪,他的声音相当空,没有底的,所以音色变化的可能性也少,而且只会往细弱方面走,厚实、整齐似乎与他无缘,饱满的韵味深醇的东西也都弃之一旁,或许他确是有特别偏好吧!

今晚是大提琴独奏会,明晚钢琴独奏会,后天又是交响音乐会,贝多芬第五协奏曲和德沃夏克《新世界》,最后一天是卡拉耶夫的幻想序曲(说是阿塞拜疆的《梁祝》),哈恰图良的大提琴协奏曲和德沃夏克,除了贝多芬那场外,其他我准备去听,本来每场都想听听,可是支出太大了,这个月正处在紧张状态下(因为买了书柜)。所以只能牺牲两场了。

从上星期四起,我去气功疗养所门诊部学气功,迄今为止,已上了四次课,每天还要另花时间练功,气功的住院部决定不去(孟局长要我去的,可自己不想去),因为我只能住两周,刚好在门诊上课期间,每天下乡要出来,另外每隔两三天要去中医门诊部,基本上无法与住院部的生活制度合在一起(那里六时起床,晚九时熄灯,每天练功四次,两周回家一次),而且伙食情况也不甚佳,何必去浪费一个床位呢?一般都是已经学过功的人才住院,我还是刚触及门槛的,又何必到里面去混呢!何况气功本身是一个日积月累的功,不是三天、两天就能根治疾病的特效药,所以重要的在于自觉掌握,持久练习,那样才真有收效,因此目前去住院意义就不十分重大了!

现在因要练功、练拳,所以时间都没有了,等门诊结束后,还得好好计划安排一下每天的生活日程,否则如何进行工作将成问题。我想每天三次功、一趟拳是要保持的,但这就需要三个半小时之多了,只是既然重要,那么努力做到,生活得严格而有规律吧。

前几天写的那些,原本不完,因为需要联系到自己来说说,可是现在再续下去,或许你要头痛了,因此留待下次吧,很高兴和你讨论这些问题了,如果你也愿意的话。

应该祝贺毛邦安,但另一面我希望你不至急躁,这样的问题务需慎重,不要勉强也不能凭一时冲动。

祝:愉快、健康!

圣婴 12 月 18 日(1962)

刁先生:

谢谢您的贺年片,更感谢您给予我的良好祝愿。我深信它们会给我带来幸运的,这是我得到的第一个新年的祝福。

应该是学生向老师贺年的,现在却颠而倒之,愧颜以对,礼失奈何?往后检点些吧。

这几日过得怎么样?身体还好吗?抛掉了拐杖没有?甚念,你似乎遭遇类似情况的机缘已经不少了,是什么原因啊?纯然由于疏忽吗?还是这一部分过于松弛或是有薄弱环节呢?有时间结束不妨亦研究研究。

这学期的课何时结束?上海已在考查了,他们 1 月 2 日下乡,大约 19 日放寒假,农历初八左右新学年开始,所以 2 月初我又要去上课了。

听李教授说这位 D 先生想法很多的,一方面看不起一些东西,另一方面又对自己技术基础差负担很大,多矛盾的念头!这学期我不去学校,他仍找李嘉禄先生听,为了节目打了好几次电话问我的意见,然后又听李先生的意见,真是思虑多极,弟弟说,像这样如何能专心致志地学习并信心十足地向困难冲刺？畏首畏尾，患得患失的成不了事的！我也有些同感了——时间还有的是，何必先把自己限得那么紧，估计得那么低，这也不行，那也吃力呢？一切都是为了学习，为了提高，像他那样不是自己在阻拦自己吗？当然，教授说他基本上还是好的，能够把自己的想法公开出来，可我看澄清一下仍是极有必要的。

见到教授了吗？会演是如何进行的，有什么可以报道的吗？上海好像全无音讯。

苏联的三位音乐家已走了，一阵热也开始退落，大提琴家是最受欢迎的人物，据说指挥很不服气，最后一场，他争取加演了自己的作品：列兹亨卡舞曲，总算引起了听众的热情，否则"新世界"刚完，楼上就走了三分之二，马里宁一般都不太喜欢，反面的意见多于正面的赞扬，Beethoven 我没去听，反映是宁可他弹 Rachmaninoff，说错误百出，没有风格。说也奇怪，他的弹奏总是给人一种不确切、不熨帖，似是而非的感觉，独奏会的 Beethoven Sonate 亦受非议，Prokofiev 也不全是那么一回事，一般对 Chopin 和 Liszt 点头较多，我比较能全面接受的作品是 Scriabin 的 Poem，Op. 32 No. 2 和 Encore 弹的 Chopin Mazurka Op. 63 No. 3，Rachmaninoff 的"丑角"，Chopin 的 Scherzo 不错，相当概括、集中，我打算考虑他中段的一些处理（有两处），但总的演奏肖邦的倾向是我不喜欢的；尤其那首夜曲，那样的感情带有颓废色调，Rubato 是痉挛式的。大提琴的独奏会我很喜欢，甚于 Oistrach 在上海的音乐会，二者的距离最明显的是小提琴家有技巧性，而大提琴家完全没有，独奏会最受听众由衷欢迎的曲目是 Rakov 的音诗，当然是因为听懂了，但确是令人神往，我觉得他所有的抒情篇章都特具色彩韵味,在舞台上这样的演奏是较少见的。我这些说法是否偏颇,望你指正,我凭感觉,而你有理论。

下次再写了。祝好!

圣婴　12 月 23 日(1962)

刁先生:

似乎很久没读到您的大笔了,想念得很,是忙着吗? 还是有些欠安?

今天是六二年的最后一天,也是这个月的末尾了,跑了很多次的气功疗养所和中医门诊部,看来多少都有点作用,虽然感冒始终不好,但睡眠有所改善,头晕、头痛、耳鸣等都显著减轻了,当然,离我所希望的还有一段差距,可是比较有信心在今后去获得它。

孟局长已正式通知我准备比赛了,所以明天起要开始用功,这一个月究竟有否得益将要受到检验,但即或是不太理想也不要紧,我还是相信严格而规律的生活能保证中药和气功的疗效的。

过去我在生活上是比较任性和纵情的,但现在客观上已迫使我要像对待重大的政治问题那样来认真处理它了。也好,可以使自己各方面都更健全些。

您怎样? 工作以外干些什么? 听了音乐会和看电影吗? 心情如何? 平静的、喜悦的,还是思潮起伏? 很有兴趣知道。

您给我提出来的问题,我一直在思索中,想探索一下自己,也想从而以窥他人,或许下次给您罗列一下一些浅薄的想法。

如果有时间,请来信,我等候着,就像出门在外时,期待着妈妈和弟弟的信一样,盼望而且喜欢听到您的话语。

祝新岁顺遂!

圣婴　12 月 31 日（1962）

习先生：

谢谢你，彼此信赖，这是愉快，也是应该珍惜的。

很高兴读到你的感受，有许多很好的话语，而不相瞒，我特别注意到了"以群众所好为己好"一句——或许你没感觉到吧，今夏在宏业花园里，戏谑性的一句"把群众歌曲一支支都搬上去好了"，给我留下了尖而凉的印象，让我闷了好几天……

很同意你说的"改变思想感情是长期艰巨的任务"，经常下乡下厂对我们搞洋、搞古、搞单干的十分必要。的确，思想上有所新的启发，树立新的认识是比较容易的一步，而感情的真正转换却必须经受斗争实践的沐浴。尤其在我们这些行当，正需要以新的眼、耳、鼻、脑、心去面对洋、古，不拘束局限或是俯伏在那些权威性的论著学说之前，不为那些被誉为高峰的音响、手法、技巧所迷醉，而是从新的角度、以新的观点去重新挖掘、理解音符的内涵，并贯注以新的感情和气息，使古为今用，西为中用。显然解决这一根本问题是关键所在。

这里，我还不十分明确你说的感觉亲切、为之感动的究竟是哪一类东西。曾经与瞿维同志泛泛地谈起过，生活在我们这个时代的人，可能和可以对过去的作品有兴趣和喜好吗？以后有机会也想听听你的意见。

两天前向局里报了比赛曲目，协奏曲用的是"第一"，但是至今仍不断有人主张可以用"第二"，我也不想多考虑了，总的说大头的意见是对的："第二"需要更强的体力，钢琴不容易突出，弹得太多了……而"第一"短小精悍，一般更适合于我的具体情况，虽然大段抒情较少一些（这是主张用"第二"的人的主要理由）。

现在第二轮的曲目还有些问题，非常刁难，六首大型乐曲在报名单上一定要填时间，可是拉威尔的"戏水"，我弹来弹去也只有五分半钟，不合要求，犹豫了很久，不知该怎么办。最后我填了"戏水"，而又写上备注：如果部里觉得不妥，就改用小奏鸣曲，就自己来说，对两首作品并无偏好，"戏水"色彩性更强。

另外一件事是参加了团市委召开的迎春座谈会，谈六二年的收获和新年的打算，谈到了青年人的努力方向，也谈到了幸福。

或许是我对这个生活中的小"福"字没有真正的理解和体会吧，或许是自己没有足够的智慧和精力吧，我觉得无法在我的生活中给大福和小福安排适当的位置。

福，无论大或小，都需要付出而后才能有收获，付出多收得也多。爱情也需要专注的，否则就不会真诚深挚，不会高涨到愿意被支配，感觉是生活中甚至生命中不能缺少和分割的一部分的程度，也就不可能产生什么共同生活的愿望，其纽带——婚姻产物——家庭，也说不上了。

虽然你也说过小福与大福之间的关联，但从我自己来说，顾此定然失彼，在精力和时间方面我做不出别的加减法。这些年来，我只有一个想法：我应该和需要做的是这么多，它超过我目前力所能及。在这正是应该无保留地献身的时候，我没有理由顺从那间或抬头的惰性，分散精力来忙着要、先要或一定要考虑、寻觅、建设自己的避风港和休息地，何况为了这样的归宿而点燃爱情根本是我不愿意的。

好了，不该乱说，等你来信。

圣婴　1月27日（1963）

习先生：

身体如何？伤口长得好吗？应该回学校了吧，我想什么时候可以给我描绘一下手术的情况？我很需要知道。

演出以后，我却当真病了，很不愉快，由于每天轮流就诊中、西医，中间又加进了一次演出，因此拖了很多天，退不了热，但那次演出，现在回想起来还是帮我的忙的。第一，我出了一身汗，第二振作精神，虽然老头子还在说什么太阴阳明为病，我这两天可是觉得好多了，温度计扔到一边，随它有热无热。昨天开始掘地种花，而且准备着"打仗"了——古巴指挥来上海，据说要有协奏曲。

这一来，所有的计划又要重新考虑，"上海之春"时我要出半场独奏节目，现在想的是四首叙事曲，李斯特的《鬼火》和《侏儒》，还有普罗科菲耶夫的第三奏鸣曲，你看行不行？可是其他的比赛曲目怎么办呢？

和教授、令舅都讨论过曲目问题，但是仍有许多悬案，所以只能来麻烦你了，会累你吗？很抱歉。

第一轮的六首练习曲似乎没有多大的问题了，李斯特是上述二首，肖邦是作品十之四、七，斯克里亚宾是旧的，德彪西是第六首，但是一首五分钟的自述作品拿不出主意来了，你觉得有什么可以弹的，新的、合适的都好。曾想把拉威尔的《托卡塔》放在第一轮，后来又觉得都是练习曲亦不好，于是又让它空白了。

毫无决断，真不成话，我似乎总需要有老师下命令指示功课才行。阁下可乐意接承呢？

最近，我正企图努力改变自己的练琴方式，力求弹得干净、准确、结实、流利，力求表现上的概括性，逻辑性，总之，欲求得形式上的完整。觉得这样做有好处,但也很费力,我不太安静,不容易冷静,客观,有时实在很难受地忍受这种束缚,可是知道不这样不行;往后,我仍然会错音连篇,说话仍然会口齿不清呀。

在这样做的过程中,发现了我对于键盘位置的感觉似乎从来没有真正地在脑中建立过,以前较少误差只是因为想的东西少,弹时比较安静,而这一年多来,舞台感觉、情绪的幅度都与以往大不相同,"热昏"状态居多,问题也就出来了。于是即或像近半年那样,努力给予注意,结果仍然是漏洞百出,因为没有机械的、踏实的整顿和锻炼,也就是这样。我方体会了一点教授的钢琴演奏感,我过于少地想自己的手与钢琴的关系了,过少地去注意技术了;即使在脑子还比较简单的五五年到五七年也是如此。

所以我不能变为塔先生时期[1]技术较好(的自己),严格地说我没有可以独当一面、脱离了音乐的技术,离开了感觉、情绪,我其实无所可取,在这方面刘诗昆、李名强都是值得学习的,虽然后者并不是光辉灿烂的。

关于"抒情性"问题,你说得也非常对,尤其是为了肖邦,做到这一点我觉得有三方面需要努力:其一是情绪的体会,其二是坦率扼要集中的表白,其三是音色。考虑这个问题相当久,你一说似乎全通了,这里面让我想到许多事情,想到生活、想到性格,但这几天很忙,不能多写了,以后有机会再说吧!

请发表你对于"生活的幸福"的见解吧。我完全是以求教的心情写那些话的,而不是为了进行答辩,取得学位。你的劝告我

1　应当是指顾圣婴1955年在中央音乐学院师从苏联钢琴家塔图良教授的学习
　　时期。编注。

是同意的,就像我曾说到"教授"的演奏的时候一样。的确,生活可不是理智所能臆造的,因此是应该听其自然,但是,不作努力[1](这一句我给自己加的)!

最近要学的东西实在太多了,从政治到思想,哪一样都需要反复研读、思考。关于雷锋,你怎样想?说我自己吧,在我们的英雄人物中,还没有一个像雷锋那样使我激动和敬佩。我觉得,要无愧于这个时代,我们都应该是"雷锋式"的,而不是别种类型的。再谈了。

圣婴　3月4日(1963)

习先生:

如何?最近怎样生活的?身体还好吗?

今晨突然觉得似乎有很久没听到你的言语了,因此想着要写一些。

不多时前遇见蒋兄,问起你的近况,他是听令姐说你在割扁桃腺,谈话的最后说到你似很忙,问你有没有朋友。我在心里笑了,回答是该忙的事我还没见着呢,他居然说我在替你守密,真是天知道,我可从来还没充当过保险箱,而且也还没有试着去猜度你先生究有多少需要深藏的机密。当然,关于最近状况,我倒确是说不上来。

这些时候,总的说较忙,开始为了古巴指挥,结局未演出,因为他心脏不好,暂时不能工作。以后,学习占了不少时间,我总觉得书读得不够,览得不够,钻得也不够,而我们的这些文章对

1　疑缺漏"不能"二字。编注。

问题的阐述又是怎样细致、深刻、全面;不,应该说是精密的,不多花时间,不能深探、尽悉其中之奥妙?

忙了,就又一次尖锐地感觉身体好的重要,精力充沛,工作时效提高,也就意味着可以多做一些,可我呢?事倍功半,白白浪费了时间,如是,苦恼也就经常袭来。跟往年一样,目前我正处于低潮时期,中、西医生的说法都是疲劳过度。我真不明白,要怎样才能不疲?直到现在,我从来没在一天中练琴超过五小时,难道只可以像十二月、一月时椅子上坐坐、翻翻书、花园里活动活动吗?不可以一本正经、严肃地去考虑问题吗?仍然是每周至少两次上医院,四个月了,我只有停过一周;老先生慢条斯理,遇上我这个急性的,拿他没办法,只是因为知道应该看得远些,只好把这种脾气按捺下去,但憾烈的想法总免不了。由于各种事情,几乎每天都得出去,有时还是整天,回来总是工作效率不高了,如何是好呢?阿姐原说,这种走动可能对睡眠有助,我真是感谢极了!现在我睡得昏沉沉的,但醒来也是如此,疲乏的感觉从不消失,不但是脑子不太清醒,而且影响举动(一个常例:弹一两小时琴,臂抬不起来了)。这不太碍事了吗?

还有一个月就是"上海之春"了,我还什么也没弹出来,最近还需要把肖邦奏鸣曲重录音,看来强制手段又得起用了。所幸,正在教李民铎学这首作品,多少帮助了我复习,我是更喜欢它了,当然,也发现了有许多该努力之点。前些时古巴指挥挑了拉赫玛尼诺夫协奏曲,复习它时也有同感,乐趣不少。我一直在怀疑,对拉威尔、普罗科菲耶夫我是否能长久地甚至永远地在弹奏时抱有这种热情,好像在举步时就不是极其主动的呢!

以上这些是上午坐在医院里时写的,下午正在园子里铲地,出奇地竟来了你——先生的信,高兴自不在言中。

谐谑曲风格的特写,我十分满意和喜欢,兼有报告文学和医药卫生知识刊物的特点,而又被合适地融于执笔的独特的格调之中,脉络清楚,明快新鲜,所以它是被宣之于公众了。

我的大门仍然是完整的,虽然二度有人打它的主意,可我是吝啬的,就我曾经知道的一些,似乎捣毁这一防哨据点也非彻底解决办法,那就让它再留上一个时期吧。从前次感冒的情况来看,我的抗药性已强于杀菌性,有门无门反正偷儿们总有办法越墙而入,又何苦多此一举呢?如果取下大门,要危及二门,难道二门也能取走不成吗?

关于你正在比较理智地进行的事,自然我要重重加锁地固封起来,你打算何时开启可以下命令。我在想既有不愿过早惊动之说,那么就有迟些让人知道的可能了,是否这样?但是为什么要说在大众的起哄下,有些骑虎难下呢?这似与理智的进行不甚相干的呀,似乎这不应该对此事起任何作用。难道还需要外力吗?这是我的疑问,喏,不多说了,祝你在这一问题上如意,祝你在生活中得到更多的幸福,这是我衷心希望的,而且相信是可能的。

比利时新作品的唱片,如果真能托人带来上海,那是太好了。不知它们属于哪一部门,是否方便?拜托拜托了,对我的曲目,你一说话,那就大体上可以定案,可是,以谐谑曲为例,能比较具体地说我在处理上应该更多着眼哪些方面,才更适合于我自己吗?我觉得我不太知道自己的条件、能力,或者是我不会摆平在我身上存在的两种矛盾的东西,所以颇欲求得先生的指导。当然,在不影响你的健康、工作与生活的情况下,否则,我就成了个无赖学生了:对老师不恭不敬,死缠不放。

还有什么好说的呢？关于自己，总是在不满意的心情之下度过每一天，因为无所进展。与家里，不时会有这种或那种摩擦，只是我不像以前那样谦让了；也是走着瞧吧，该怎样就怎样，注定怎样就怎样，反正不会在必然规律之外。曾经学着争取主动，但你知道，口才之拙劣在这个屋顶下居于首位，其成效可怜得极，仅仅起了缓冲的作用。我常在想，可能压着、压着有一天会来个大爆发的，那也干脆了！可是，我也奇怪：为什么我出门后回家，总有那么一段时候一切都较好，大家都能对各种问题有清楚的认识和良好的态度，而长久生活一段时间后，又有矛盾了呢？还不能全面地解答它！这看似复杂，其实简单；说来简单，但又复杂，一时不能把它理得有条不紊。不过，我们之间生活的要求、方式是太不一样了，我对家里直言如此。好，应该收场了，写得过多会使你疲劳的，以后再说吧。

同样的，我也常常期待着你恩赐；只是在不妨碍休息的前提下，否则又是罪过了。

祝好！

圣婴　3 月 29 日（1963）

刁先生：

读了开卷两行，有些伤心，原因之一是我自以为不该写得太长，连篇废话，不是又费时又耗神吗？因二：则亦是自以为是地觉得似乎近日书写文字的密度正在逐步提高，不想，实践的结论适为其反，可见主观错误之严重了。

沿用我们每次谈话的前奏吧！身体如何？还与医业保持亲密友谊吗？最近我已算不得是好病员了。经常缺席，甚至一星期、十天不去拜访老伯伯，可是从前、昨两天练琴的感觉来看似乎有些转机了，是药的疗效，抑是由于生活内容改变而导致，一时不甚清楚，不偏袒的话，就算它二者相得益彰吧！

过去的三周，几乎生活在会议之中，除了这个阶段内固定的每周三次政治学习外，其他全是共青团活动，从团委会议起始，到文化局系统团代会的举行，再后是结合乐团党支部关于思想工作青年部分的指示，贯彻团代会决议，这样，事情就多的是——一抓、一揭、一系统化，问题都清楚地暴露了，不多多坐下来谈谈，扭正、澄清、统一认识，今后又怎能起到助手作用？历史已经赋予我们伟大而艰巨的任务，团不加强战斗力，又怎能带动全体青年，使我们这一代成为可靠的接班人呢？"要用五代到十代的时间来教育后代"，这真不是大话，社会主义思想未有占领和扎下深根的所在，资本主义思想和一切旧的习惯势力就会萌芽、蔓延，确乎是有必要，也是好办法。每天反躬自问，我接触了多少社会主义，到天平上去量一下吧！我深深感觉党的要求越来越高，越来越具体，教育是及时的，斗争是严肃的。

已经是星期四，隔了三天才又继续下去。同样，也是今天下午我才又正正经经地回到钢琴边来了。还有两周就是"上海之春"，所幸由于需要配合形势，演出的主题作了大变动，故而我还不至于太紧张——当然，上星期日仍然被迫急急地吞下了朱践耳的云南民歌四首。喏，日子就这样过着，虽然也相当疲劳，有时真觉得脑子既装不进东西，也转动不了，但情绪反而比较踏实，手也得到了休整，就是这几天显然感觉调门又往高处走了，我不得不再自问：究竟哪个调是我的？

你问，我现在弹些什么？实在惭愧，一点也说不上来，差不多都荒疏了,有趣的是练习曲弹得相当起劲,或许在这样的日程中,还是有效的——少用脑子,活动活动指头。我现在也面临着矛盾:为比赛准备的曲目,企图集中搬上舞台,在当前似不甚恰当,最近再三强调了总方向,严格审查作品,注意倾向性,我不可能也不应该在自己的舞台上去搬弄适于西洋的一套,固然,国际比赛也是国家的需要,党的需要,可这些东西终究不能算作社会主义的中国乐坛的主流,作为尖兵,怎能脱离时代、背向民族呢?看来,需要很好地解决这一实际问题。此间传言,说沙漠的独奏会是中国作品,是这样吗?很有兴趣知道他选用了哪些作品,可知道?这里鬼戏、鬼乐都不演了,可能我的那首"鬼火"也会被除名,但我也仅仅打算把它除名而已。练习曲两首是足以解决一些问题的,本业就是练习曲!

　　说说你的那件大事吧!接连二信都是使我先惊讶,而后思索,最终是不解,什么样的摩擦和矛盾会使双方都不愉快?根本矛盾吗?还是基本矛盾?是生活中的主要面还是次要面呢?因何竟让你心神不定起来了呢?那不是说没有这些摩擦一切就会是挺好的了,而这些矛盾现在迫使你不得不犹豫,故而不能定心了,是这样吗?如是,用你的大头分析衡量一下不就行了?我想不会是怎样复杂的,除非情感的冲动压倒了理性,对于那些爱起哄、爱传言、爱吃蹄髈的朋友,我认为除了感激他们的一片热心外,别的似乎不足为提,更不谈其驭左驾右之劳了。你的看法怎样?其实,我没资格来谈论这些事的,因为你始终没给我上辅导课,根本不能领会其微妙与深邃,凭着幼稚的头脑里的几个简单教条,诸如不是为了要家庭而结婚,不是为了要结婚而恋爱等等……不能解题也是必然的,想你不会见怪吧!

　　与令舅写信时，确曾谈过有关生活观、幸福观的问题，在这里，现在几乎是每会必提，尤其关心青年人的恋爱、婚姻、家庭生活等一连串问题，晚婚成为一种号召，而节育是普遍宣传。的确，替国家想想，确是有必要，因而似也理所当然。不过，请别以为我把这些宣传材料全都运到列城去了，我只是说了些自己在生活中的感想，对生活的看法和企求。当然，也很高兴舅舅也持有相同观点，这是在生活道路上非常重要的立点，既决定着起步点，决定着前进的速度，也遥遥地指向终点线呢。很纳闷，为什么你说这些时要用一个客观的、老人的语调，倒好像已经置身于年轻有为、多多努力的时期以外的人了，看来，你心情是不够好。

　　你托的那件事我尽力去办，也尽快去办，不过到目前为止，我还没想出箭应该向哪一个射去。李先生那里久未去，不好意思为此特地打个电话，当然，这也是最后一着。

　　星期六晚林玲、尤大淳、孙以强等将在学校演出，我大约会去听，过后向你报告情况。教授原在"上海之春"时演出，由于节目场次一再压缩，独唱独奏变成一套，听说他不出了，暑假他将举行独奏会的。布拉格之春究竟我们还参加吗？上海好像早收摊了，又有新变化吗？周、郭二位先生的音乐会将演出哪些 Debussy 作品，盼告示。北京听众多吗？上海现在生意清淡得很，除了学习雷锋的各种演出，我想普遍的忙是原因之一。

　　停止了，机器似不太灵活。

　　替我问候母亲们！还有阿姐、毛邦安。

　　祝愉快！

圣婴　4 月 25 日（1963）

习先生:

前晚去听了学校的钢琴专场音乐会,演奏者计有曾裔宣(李瑞星班)、孙以强(李翠贞班)、赵晓生(范继森班)、谢华珍(张隽伟班)、尤大淳和林玲(也是范教授门生)。

不能说十分满意,当然水平仍是有的,可总觉得缺了些什么。我的偏见是一贯的,认为这不在于手段的不够和不熟练,很大程度上在于生活的体验、感情的领会,演奏者与作品之间似乎老保持一段彬彬有礼的距离,因此作为听众也就更有礼貌,鼓掌也是礼节性的了。

林玲弹的是"庙会"组曲四首,肖邦的第二即兴曲,三首练习曲作品 25 之 1,作品 10 之 5,其中即兴曲和练习曲 25 之 1 是新的,应该说在所有的演奏者中,她是最老练的一位,弹东西比较完整,能抓一些要领,与以前不同的是较重了:特别明显的是练习曲"黑键",左手压住了右手,F 大调的重音突出,成为一首节奏性的作品! 轻盈些和较抒情些的较之以前为减,也可能准备不够,整个较粗。

不想多写,这几天都过得很乱,不是为外部事务而是内部。外公病了很久,上星期五晚住院了,当时的病症是严重失水、酸中毒,不过长期的病因,一直疑是直肠癌症,所以现在 24 小时要上医院轮值,家中还躺着个不能行动的外婆,因而就忙了。怎么过呢? 唯一的办法是打点精神晚上练琴,否则五月演出就不谈了。

几天来,一个想法始终萦绕着我,我觉得不是疾病折磨了他,而是外公他这个脾性暴劣、执拗、任性的人在折磨别人。不愿意说他在病床上的那种行为,可是对于那些态度,我真想蹬脚大叫,一拳过去。这还算人吗? 变态的动物罢了! 同病室的人个个见他都笑,现在已经开始给他开开玩笑了。大多数的人都在说年龄到了,确也是这样。阿姨昨天说,我不盼望他会好,他作践得够了。我也这般想,很抱歉,但是我止不住这样想。

就这样了。听说5月8日小提琴比赛第一轮开始。北京的选手们何时来?伴奏自带,还是也一律由上海拟办?据云住在外滩呢。假如能带来唱片,可以先给我通电话,我去取好了。

再谈!

圣婴　4月29日(1963)

刁先生:

昨晚听了A的协奏曲音乐会,很不错,在技术和艺术上总算突破了国内的已有水平,这是令人高兴的。

过去我没听过他拉琴,但一般对他的评说是知道的。从现在看来,内心还是有相当的感觉,虽然深度不够。技术基本上服从于音乐的表达,拉着不感觉吃力,比较少负担。音质与音量是较不理想的,嫌细、小了,虽在这基础上层次变化、色彩的控制,句子的修饰仍有相当,就是气魄不够,而且这样的音质对曲子的演奏有局限性。

他拉了三个,莫扎特第三、维奥当第五和贝多芬,大家都觉得不容易。有些人很喜欢莫扎特第三,被认为是拉得较好的一个,后二者显得有些暴露弱点。我则觉得从对曲子的掌握来说,前两首差不多,或许莫扎特对他的现有条件更靠近些,因此更流畅。至于贝多芬的演奏,就觉得功力不够,修养问题,也有音色问题(这就是我指的局限,他缺少深沉、丰满的声音,拉莫扎特可,维奥当有较难的技巧,立即显得没光彩,而贝多芬就变得有些沉不住气,甚至是女性化;或是极多地涂上了莫扎特的色彩,这与协奏曲到底距离是较远的)。

也有人说更喜欢 B,我想即或 B 这两年在技巧上有大进步,也仍然不如 A,音准、干净、技术的流利这是明摆着更胜的,而在表现方面,B 缺乏真正出自内心的东西,外形唬人而已,魄力并不能掩饰弱点;越唬得厉害,就更显出其内里的空虚。

回来时与肖庆璋同车,这位先生一直把我送到家门口。还好,没像去夏那样,到了门口仍喋喋不休,但一路之上仍谈了三个内容。

其中之一关于阁下。他问:你、我是否比较熟!常有信来往吗?今年暑假你是否回上海?我说,跟你接触不多,但就去年那几次,仍是觉得你很聪明、很有自己的见解、也很能干;可以说是很有才能的,但是奇怪怎么会不学音乐?据云,你的回答是只能作为业余爱好,是吗?这以后说到去年曾请你翻一些有关德彪西的文章,好像是玛格丽特·朗的,大概因为忙吧,结果没给他们供稿,而今年这里开始争论了。

的确,这场争论是好事,一定可以澄清许多糊涂问题,还不光是音乐界,绘画、戏剧等方面都觉得类似的问题,标准知道,但活用却是关键,否则仍无法真正解决和创新。

目前,有关文章已书四篇,还有人在动笔,最后一文是郑焰如写的,猜得出是谁写的吗?很好的一个笔名,这基本上代表了音乐院一些老师的意见。姚、郑二文基本论点是一致的,我认为也是正确的,但是逻辑不够严密、充分;郑文涉书太少、泛论较多,不足以驳倒山谷与 S 二文,S 那篇是写得相当出色的,音乐院的先生们认为异军突起,为之一惊。这位作者年方 24,华东师大中文系毕业,现在戏剧学院搞文艺理论,对音乐有相当的爱好,我感觉(从他的语气中、见解中)已经知颇深了! 山谷那篇在姚文书后一周就投稿的,作者原来竟是贺绿汀,现在看看是有些这种味道。不过,争了这些时候,我觉得有两个问题很有必要先搞清楚,似乎也是双方互相不能驳倒的关键与立点:其一,创作思想与实践结果之间是否会有矛盾,是否可能不统一? S 文就说克罗士先生要比德彪西给人更好的印象;而郑文则说,德彪西给了人们一些什么样的东西? 宣传了些什么? 不能光看口号怎样叫! 其二,也可说是前一题的引申,是否有这样的情况:有较好的愿望,但在实践中仍局限在阶级的框子里,而没有走对路? 德彪西是不是这样的情况?

对这两点,与肖有不同意见,虽然自己想得并不深透,但对肖所举托尔斯泰作品的现实意义与其哲学思想的距离一例,或王国维艺术上的成就和他反动的政治倾向背道而驰之例以影射德彪西问题,我认为不可能一视同仁、一概而论,或许座谈会讲话中关于立场、动机和效果一段的分析、批判还是最好的解扣办法。

很想知道你的看法。最近几天还特地看了一遍讲义,有一个想法:形容词似乎需要斟酌,譬如:刚说过“颓废”,又说是“杰出的代表”,这就变得是贬褒并举了,你说呢?

最近干些什么? 能不能给我上几课? 对了,似乎一直没向你要弗朗克、福雷那一章的讲义,给一份方便吗? 这里先谢了。

谈话的第三个内容从我起,然后涉到两个音乐院的老师、甚至院长;信上暂不说了,不过,我对此基本上很少开口,还是害怕,记者——传声筒也! 当然,另一面,不该随便在任何人前乱言语,记者非组织! 也就因此,谈话落潮很快,所以他自动转到刘诗昆家,常有新唱片到,可以联系去听听,然后开步走了。

很有趣,他对"上音"的看法是我没想到的,也还没听到有别人这样说过。昨天,我感觉此公相当灵敏而且细致,还算不只浮滑而已。

你什么时候来?完全决定后告诉我好吗?演出我基本上按原计划挪后一周,来不及了,上周有四天在其他活动中度过。团里说不能再每会必到,大概以后可以好一些。中国作品还有好几首没碰过,有的还在抄谱中。我很感兴趣的"雷锋",因践耳另有任务,出不来了,大约要十月才能上台,所以《瑶山春好》放到后半部,而前面再插个内蒙古民歌。对于那些老曲子,我劲头不大,可是瞿维坚持说应该弹,那就弹吧!怕的是台上、台下都变"油条"。

不写了,祝你好!

圣婴　7月8日(1963)

刁先生:

忙吗?可好?

刚看完《天鹅湖》很兴奋,进步很明显,熟练、完整得多,故而我无法安定了。乐队也不错,和谐、平衡、灵巧,这些都是上海交响乐团所没有的,实实令人思索!

整个晚间,边观剧边穿插了不少谈话,因为首席柳与我为邻,我们谈到了表演、练习,谈到了乐团的一些问题。以往我全没想到柳会有如许感慨、看法和设想,但我也深感,有了这些想法而没有或觉得不便直截了当、一针见血地坦率指出,那仍然是于事无补的。

想想一点也不好受,多少年了,什么时候才能真正地明显地

"提高"，才能真正无保留地发挥"潜力"呢？固然政治觉悟的提高、思想认识的一致是大前提，但若是离开了乐队队员的技术、修养，离开了指挥艺术，又有什么可言呢？乐队终究是一个集体，它不能没有强有力的核心人物，不能没有组织者、领导者，可惜我们现在仅提出了做"好的队员"，"正确对待音符"，或准备提出"赋予每个音符以生命力"的口号，却没有去扣那另一重要的环，于是音符响了，而整体呢？仍是缺乏！

以往人们总说上海交响乐团在外国指挥棒下水平高，是由于大家暂且排去内部矛盾之故，但是同志们的说法是另一种，主观意识是要集中，而在客观上，指挥的威力也迫使大家不得不集中。我想，这不无理由，林克昌指挥的乐团音乐会据反映也是质量较高的：排练少，而大家不乱不毛，精神饱满，很有音乐，所以乐团对他很欢迎，这确是值得深思的例子。

这一回，我是第四次看舞台上的《天鹅湖》了，音乐比较熟了，因之对表演和音乐的关系很注意。毋庸置疑，现在的技巧更熟练、完美、自如些，但是我总觉得潜台词不够，其实各种细腻的舞姿原是为了表达一定的内容而设计的，可我只看到了程式的正确再现，而未感到内心的活动；是貌似而神未归舍，我常常为他们动作的不够 Legato 或过快完成、走在音乐之前而遗憾惋惜，韵味就是这样被破坏的。联想自己这一行，也正是同样的情况，同样的学问，同样的功夫呢！

我在 17 日演出了两首协奏曲，场子是向合唱团协商匀来的，由于临时决定提前，还加上一次内宾招待所演出，所以搞得手忙脚乱。最后两天整日排练第一协奏曲，从对谱、视谱、分部到合，紧张非常，甚至上场前三刻钟时还在做最后练习。

演出当然不理想,我自己也又累又紧张,不过和曹鹏合作的"第一"还弹得较为舒服,一般反映胜过和黄团长合作的"第二",因此也就有更多的人主张我比赛用"第一",这一派的理由是"第一"紧凑精练,钢琴与乐队的比重适当,技巧发挥很适合于我,弹来不致太吃力。主张"第二"的则觉得作品胜过"第一",听不出"第一"有何妙处,这种意见我完全反对。就音乐来说,固然"第二"发展得更巨大、丰富,但"第一"实在精巧得很,没有累笔;就协奏曲形式而言,似乎"第一"的写法还更恰当,或更有利于独奏部分;就其吸引力来说我觉得也不弱于"第二",甚至更富于朝气与活力,色彩性也更强。不过,虽是这样,我对是否选用"第一"仍没到一面倒的程度,只是更多地倾向于它罢了。你的意见怎样?

就这次演出,我仍然觉得,甚至觉得有更多的问题需要解决,包括练习、实践、舞台等许多方面。以往对于技巧、处理的负担和拘束现在基本上消除了,表情比较自如、自信(还不是每一首,大部分能如此),可是脑子停顿、突然出错的恐惧却有所增长,我想与练得多、演得少、休息得少有关系。但以后如何调整呢?

技术问题也是这样,正在努力克服错杂音,然而到台上犹豫了,杂音还多了些出来,解决它似还比较容易,只要下面练得仔细、集中、冷静,上台却不要放在心上就会好一点的,可要在演奏技巧上表现得洋洋得意,我看还有待一番努力"夸耀",这与我的性格、习惯比较格格不入。可是为比赛很需要,所以仍然要去得到它,你认为如何?

圣婴　11 月 22 日(1963)

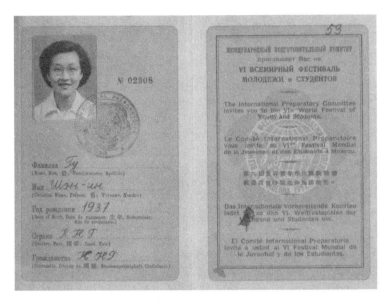

1957 年 8 月,顾圣婴参加第六届莫斯科国际青年联欢节钢琴比赛荣获金奖。

图为参赛证书

苏联比赛期间留影

与参赛的部分选手合影

与克拉芙琴柯合影于友谊宾馆

《妈妈我要出嫁》小剧照（音乐学院第一会议室）。左起：殷承宗（饰妈妈）、
赵屏国（饰美男子）、李名强（饰女儿）、克拉芙琴柯、林玲（饰瘪三）、刘诗昆
（饰演半死不活的人）、顾圣婴（饰流氓阿飞）

青年钢琴家刘诗昆（坐者）、李名强（左一）、顾圣婴（右二）、殷承宗（右一）
等在一起交流经验

1960 年在北京车站送别克拉芙琴柯。左起：顾圣婴、殷承宗、李名强、鲍蕙
荞、刘诗昆（背影）、克拉芙琴柯、赵屏国、赵渢

著名指挥家李德伦与上海交响乐团团长商讨顾圣婴赴京演出的信函

卷三　演出手记

肖邦　升 c 小调练习曲

作品 10 No. 4

顾圣婴演奏

弗拉基格洛夫　幽默曲

顾圣婴演奏

1962.6.9

天津音乐厅(晚)

    独奏会   Beethoven：Sonate Op. 2 No. 2

                Chopin：Sonate Op. 58

                朱践耳：思凡

                Debussy：水中倒影

                        快乐岛

                Schumann-Liszt：春夜

                        奉献

                Liszt：匈牙利狂想曲 No. 12

    加　演   Prelude d-moll(Chopin)

                Valse Des-dur(Chopin)

                Nocturne Op. 9(Scriabin)

    钢琴用天津音院 Weber 牌,破旧,触键、音色都不适应;练琴较少,尤其未仔细看谱练习,所以准确度太不够;错音连篇,谱子也几乎忘光,仅有情绪而无加工。总的说不好,每一首都不能通过,需要再花工夫。

1962.6.10

天津音乐厅(晚)

    独奏会   节目同前

    加　演   Prelude d-moll(Chopin)

                Valse Des-dur Op. 64 No. 1(Chopin)

                Etude c-moll Op. 10(Chopin)

Nocturne Op. 9（Scriabin）

较之第一天冷静,一般说都比第一天为佳,稍有分寸;第二首 Sonate 需要更多下功夫,但 Chopin 的第一章今天弹得特别好,第三、四章稍差;《思凡》总见不熟,似乎每时每刻都会落荒而去;德彪西《水中倒影》还要计划一下;今天《奉献》较好,《春夜》在进步,但还不完全好;狂想曲较熟,把握较大,不会出大问题,是一重要原因,所以不会太坏;Encore 的曲子一般不错,较新鲜,但 Scriabin 两天都有些险。

1962.6.9

北京音乐厅（晚）

  独奏会 Beethoven：Sonate Op. 2 No. 2

      Chopin：Sonate Op. 58

      朱践耳：思凡

      Debussy：水中倒影

          快乐岛

      Schumann-Liszt：奉献

      Liszt：Rhapsody No. 12

  加 演 Prelude d-moll（Chopin）

  缺点：错音太多,弹来有些拘束,Beethoven 第三章发展不够,Chopin 第一章架子没立好,第四章技术不干净,《思凡》某些片段慌张,《水中倒影》音色太暗,构思平平,《快乐岛》一气呵成的线不够,尤其前半部《奉献》音色问题,狂想曲思想准备较少,全凭印象,最后的高潮未建立得牢固,技术与构思都要注意。

1962.6.23

北京音乐厅(晚)(中央乐团,黄贻钧指挥)

协奏曲　Chopin：Concerto No. 2

　　　　Saint-Saëns：Concerto No. 2

加　演　春夜(Schumann-Liszt)

用 Estonia 牌钢琴,缺少音色变化,触键较浅,音量不大,尤其高音、低音区。比较冷静,自己控制较多,Chopin 还完整,数第二章最佳,但乐队丝毫未起衬托作用,总拖在后面,情绪无变化,指挥没掌握住作品。Saint-Saëns 在效果上较好,但未弹出我的水平,有些拘束,第一章较彩排时连串集中,第三章则有些地方不齐。总的说 Chopin 表现了细腻的感情,宁静的诗意,而 Saint-Saëns 则是光辉灿烂,但后者的第一乐章就其形象情绪还有待作进一步考虑!

1962.6.24

首都剧场(早)(中央乐团,黄贻钧指挥)

协奏曲　Saint-Saëns：Concerto No. 2

　　　　Rachmaninoff：Concerto No. 2

加　演　Nocturne(Scriabin)

　　　　Valse Des-dur(Chopin)

用文委的 Steinway,音色不好,中段很闷,低音像锣,如歌的声音缺乏,少变化,少表情,剧场的音响也不好,吸音,一般音量轻,音色干。Saint-Saëns 较昨天放开,有意识地做了一些东西,构思较清楚,但技术上准确度仍不够,第一章中一些如歌的部分则受钢琴与剧场影响,不如昨日 Rachmaninoff,异常使人失望,完全没有气氛,指挥不在音乐里,对剧场效果无心理准备。所以乐队听来全是 piano,像在梦中,而钢琴部分则表情缺乏,好不遗憾。

1962.7.10
中央音乐学院礼堂(晚)

肖　邦:$^{\flat}$b 小调谐谑曲

B 大调夜曲

郭志鸿:喜相逢

加　演:奉献、春夜(舒曼—李斯特)

夜曲较好,中国作品很紧张,生怕忘谱,变化不够,生动不够,形象不鲜明;Scherzo 较拘束,衬裙肩带滑下妨碍了手的动作,错音较多,在构思上也存在着缺陷,较散,还须多练技术,多思索。钢琴用的是 Steinway,琴音相当闷,不如两年前之理想。

1962.8.13
北京民族礼堂(晚)

肖　邦:$^{\flat}$b 小调谐谑曲

B 大调夜曲

杜鸣心、吴祖强:舞剧《鱼美人》选曲四首

加　演:奉献(舒曼—李斯特)

用文委的 Steinway，声音较开，可能效果比音院好，但音色变化也较少。总的说比前次有进步，听众很欢迎。Scherzo 较紧些，夜曲灵感略逊，《鱼美人》每段都有不稳和思考的空白点，须弥补。

1962.8.15

北京电视台（晚）

肖　　邦：♭b 小调谐谑曲

杜鸣心、吴祖强：《鱼美人》选曲三首

加　　演：d 小调前奏曲（肖邦）

用电视台的 Foster，如木头 Bass 哑，高音扁，无色彩和效果，弹来亦无情绪；总的都不理想，而且练琴太少。十四日一天拍照、开会，十五日看台，就下午弹了两遍。

1962.8.26

上海音乐厅（晚）

肖　　邦：♭b 小调谐谑曲

杜、吴：《鱼美人》选曲三首

加　　演：即兴曲（福列）

月光（德彪西）

用音乐厅 Steinway，Scherzo 特别紧凑，开始不够集中，以后进行顺畅，但力度仍不够，高潮未拉开。《鱼美人》"人参舞"稍差，总觉得有点散，或许节奏感不够；Fauré 第一次演出，作品居然还有效果，但自己还要下些功夫；Debussy 月光也是首次，色彩变化应该更鲜明些,否则会过于淡漠。

1962.9.5

交际处礼堂(晚)

肖　邦:♭b 小调谐谑曲

杜鸣心、吴祖强:《鱼美人》选曲三首

加　演:即兴曲(福列)

用广州乐团 Kemmier 钢琴白天很累,晚上情绪却较好,可是嫌太冲动,情绪发展逼得太紧,说服力反不如上海的那次,这一切主要体现在 Scherzo 的演奏中,所有的刚毅、严峻、威武的乐句和高潮应该拉住,使其更坚定有力。Fauré 不太好,色彩不够,虽然练了一下,但技术仍不踏实,手指必须进行肌肉锻炼!!

1962.9.6

广州交际处礼堂(晚)

李斯特:匈牙利狂想曲第 12 首

刘福安:采茶扑蝶

加　演:♭D 大调圆舞曲(肖邦)

用 Estonia 牌钢琴,总的音量较之 Kemmier 大些,但高音仍不见出来,还是木了些,旧了些,共鸣不多,破响多。上午在疲劳的情况下练的琴,而下午又在没被预计的忙乱、紧迫中度过,全未碰琴,甚至仅来得及在上台前轻轻地摸一下 Estonia,总的情绪不佳,音乐很远。《采茶扑蝶》处理不够,速度稍快,在中段还漏了

8小节。李斯特的狂想曲技术上需要磨炼得更准确、流利、光彩，音乐上则更要复习，并重新思考，塑造新的形象！否则舞台上会缺乏新鲜感。两天下来，迫使我思考一个新的问题，关于加奏的节目，还是要用炫耀性的作品，刘诗昆也跟我提了这一点，但是有什么好弹呢？

1962.9.15
香港大会堂（日）

　　　　　刘福安：采茶扑蝶

　　　　李斯特：匈牙利狂想曲第十二首

　　　　加　演：^{b}b 小调前奏曲（肖邦）

　　用 Steinway 钢琴，声响稍有些铮铮声，但听的效果是好的。冷气太冷，影响手指活动能力和情绪，Liszt 热度不够，不能贯注全曲。《采茶扑蝶》总嫌平平，要想些办法来处理。

1962.9.15
香港大会堂（晚）

　　　　　肖　邦：^{b}b 小调谐谑曲

　　　　杜、吴：《鱼美人》选曲三首

　　　　加　演：d 小调前奏曲（肖邦）

　　Steinway 钢琴对音响的感觉较下午好，情绪亦较佳，但 Scherzo 误差太多，有些疏忽，总的还流畅。《鱼美人》较好，自我感觉"水草舞"更理想，色彩鲜明。前奏曲的弹奏未达高峰。注意：Scherzo 尚需加工。

1962.9.17
普庆戏院（晚）

        刘福安：采茶扑蝶

        李斯特：匈牙利狂想曲 No.12

        加   演：婚礼场面群舞（杜、吴）

               练习曲 Op.10 No.4（肖邦）

    用 Yamaha 弹奏，钢琴木而死，场子里用扩音器，自我感觉是平板，无轻亦无响，二首作品都弹得有点松散。加演的 Étude 技术上需要结实练习。

1962.9.18
普庆戏院（晚）

        刘福安：采茶扑蝶

        李斯特：匈牙利狂想曲 No.12

        加   演：婚礼场面群舞

               水草舞

    Yamaha 钢琴。一天没练这两首曲子，仅在上台前摸了片段，不如第一天那样拼命用力，以求力度和辉煌，只求清楚、平均、流利，总的反觉比第一天好。（吃了镇静剂）《采茶扑蝶》不太理想，一定要找出点关键来。注意一点：上台要保持适度的冷静，准确度会高得多。

1962.9.19

普庆戏院(晚)

　　　　肖　邦：$^{\flat}$b 小调谐谑曲

　　　　杜、吴：《鱼美人》选曲三首

　　　　加　演：奉献(舒曼—李斯特)

　　钢琴 Yamaha。从上次演出至今未弹过此曲,音乐还流畅,但中段的插句险些出了毛病,还是感觉高潮顶得不够,这一部分要多加考虑。"人参舞"有所改变,较好,踏板用法可以采用。"婚礼"每天弹了,需要整顿。(吃了镇静剂)

1962.9.22

香港大会堂(日)

　　　　肖　邦：幻想波兰舞曲

　　　　　　　　玛祖卡舞曲三首Op. 68 No. 1

　　　　　　　　　　　　　　　Op. 63 No. 3

　　　　　　　　　　　　　　　Op. 24 No. 2

　　　　　　　　练习曲四首　　Op. 10 No. 8

　　　　　　　　　　　　　　　Op. 25 No. 6

　　　　　　　　　　　　　　　Op. 25 No. 9

　　　　　　　　　　　　　　　Op. 10 No. 4

　　　　　　　　前奏曲五首　　Op. 28 No. 13

　　　　　　　　　　　　　　　No. 8

　　　　　　　　　　　　　　　No. 19

　　　　　　　　　　　　　　　No. 16

　　　　　　　　　　　　　　　No. 24

钢　琴：Steinway

加　演：Scherzo Op. 39

Valse Des-dur Op. 64

（吃两颗镇静药）

　　上台前有些软，头晕，因此有些恐惧，虽然尽可能作自我斗争，但开始不十分稳定。Polonaise-Fantasie 在中段以前两次混乱（虽不大），后部较好。Mazurkas 有些过紧，不够从容、潇洒。Study F-dur 也是如此，Ges-dur 仍嫌过紧，gis-moll 音乐上还好，技术上觉得不如二年前光辉，cis-moll 最好些，但不是我所理想的。Preludes 以后三首较好，fis-moll 最差，有些紧张，所以布局不够好。总的讲 Preludes 弹得最好些，意淳形简，可能总的优点也在此：不繁琐，但变化细致；不夸张冲动，但色调鲜明。这些点在 Scherzo No. 3 中更为明显，弹得较有效果，虽速度快，但并不赶。又：第二天得知前一天确是发烧了，所以较软，与服了两颗镇静剂无关。

1962. 9. 23

普庆戏院（晚）

斯克里亚宾：夜曲（Op. 9 No. 2）

肖　邦：谐谑曲（Op. 39）

加　演：婚礼场面群舞（杜、吴）

采茶扑蝶（杜、吴）

水草舞（杜、吴）

　　钢琴 Yamaha。自我感觉仍不算良好,觉得 dull 一些,不太流畅,色彩和力度的对比都有不够,在 Scherzo 里技术不如第一天洒脱,层次和紧凑感也较差。(今天吃了发热的药)今天的加演节目挑对听众的口味,因此弹了三次!

1962.9.24

陆佑堂(港大)(晚)

　　独奏会　Beethoven:Sonate Op. 27 No. 2

　　　　　　Chopin:Sonate Op. 58

　　　　　　杜、吴:《鱼美人》选曲四首

　　　　　　Debussy:水中倒影

　　　　　　　　　　快乐岛

　　　　　　Liszt:匈牙利狂想曲 No. 12

　　加　演　Scherzo No. 3(Chopin)

　　　　　　采茶扑蝶(刘福安)

　　　　　　Prelude No. 16(Chopin)

　　钢琴 Dainemann(英国)。Beethoven Sonate 总的比较好,特别集中,在风格上比前几次演奏显得古典化些,在意境上有些新东西,有自己果断的看法与处理,而且做出来了,当然还可以更好,一、二乐章的内容和第三乐章的技术都值得不断磨炼。Chopin Sonate 1st mvt 打了些折扣,或许由于是在 Beethoven 的高度集中之后,上来手有些抖。第二乐章,开始在技术上还不完善,后面较好。第三乐章由于钢琴音色的关系,因而不够超脱、清雅(或许听来不非常紧凑)。第四乐章较好,一气呵成,色彩鲜明,情绪饱满。总的说第一章的交响性与构思的严谨性要加强；第二乐章要更轻盈透明，技术上还要好；第三乐章多多体味意境，注意布局起伏；第四乐章锻炼技术。《鱼美人》没有到高水平，未发出奇异光彩，一般。"人参"还要诙谐些，"珊瑚"更灵巧、光亮、干净。《水中倒影》布局还好，但色彩希望更清澈、透明、漂亮，许多手指的华彩乐句要加工，使之更幻想性、奇异一些。《快乐岛》音色变化不够，感觉暗而黏了些。《匈牙利狂想曲》弹得较放开，但在音乐上不够充实饱满，外表东西较多。整个演出把握性较强，错音还不多，而且自始至终意志顽强，精神贯注，脑子也较冷静，是两年来少见之现象。深深感谢袁姐、甘姐，永久的记忆！

1962.10.3

广州电视台（晚）

　　　肖　邦：谐谑曲 Op.31

　　　钢　琴：上海牌

　　从上月二十五日起至今未练琴，仅下午摸了半小时琴就上台，而且还是处在经过旅途的疲劳状态下。下午服了镇静剂，上场居然相当的安定，脑子比较清楚，该做的就做。当然具体的音响并不理想，甚至不能令人满意的，但还完整。反映是极有说服力，也感人，而且电视镜头也不错，画面相当多样。

1962.10.5

广州南方戏院（晚）

　　　刘福安：采茶扑蝶

李斯特：匈牙利狂想曲第 12 首

加　演：《鱼美人》选曲

（婚礼场面、人参舞、水草舞）

钢琴：红十月牌。破琴一架，高声部如木头，低音部破锣似的，不平衡，无音色，弹来也相当吃力。匈牙利狂想曲不十分理想，情绪有，但不够畅达果断。"扑蝶"生动活跃不够，应该练习，再考虑一下处理，今天错音又较多，注意！

1962.10.6

广州南方戏院(晚)

刘福安：采茶扑蝶

李斯特：匈牙利狂想曲第 12 首

加　演：婚礼场面群舞

钢琴：红十月牌。情绪主观上比昨天好，较饱满流畅，也相当有意识。狂想曲总的还好，似乎在 D 大调一段（Stretta 前）有一点松，但接下去较好。《采茶扑蝶》今天稍作处理，较为新鲜活泼。今天总的演奏误差少，只是在狂想曲的最后一页和弦有好几个带上了错音，遗憾。

1962.10.7

广州南方戏院(晚)

刘福安：采茶扑蝶

李斯特：匈牙利狂想曲第 12 首

加　演：婚礼场面群舞

钢　琴：红十月

"扑蝶"还好，不落陈，也有变化。狂想曲不如前一天，引子一段有许多未作出的东西，后面抓得较紧。但自身有些疲劳，林应荣说有动作大而音响小的现象，这是今后值得注意的问题，否则会使听众误解。

1962.10.10

广州南方戏院（晚）

贝多芬：第二钢琴协奏曲（黄飞立指挥 广州乐团协奏）

钢　琴：Robinson（广州电台）

从独奏部分来说还可以，觉得有些东西尚未被发掘和再现，应该更优美、朴实、明朗、活跃，但又不流于 Haydn-Mozart。第二乐章有时有过分的激情，值得考虑，总的要注意音色、音质，古典化些的触键，但又有音色变化。从协奏角度说来，不理想，勉强合上，可全曲未被组织起来，主要在乐队的基础，尤其是节奏感觉。

1962.10.13

澳门岗顶戏院

肖　邦：$^{\flat}$b 小调谐谑曲

杜、吴：《鱼美人》选曲三首

钢　琴：Yamaha

　　场地小,可容三百余人,故钢琴虽无甚音响,也还有一定的音量,客观效果比自我听觉来得好。情绪还不错,也算流畅,Scherzo 预先的计划思考不够,但总的段落是抓住的,错音也较少。(观众对 Scherzo 反应强烈。)《鱼美人》一般,场面一段太冲了些,过于激烈,主要是太热,整个人有些沸。

1962.10.14

澳门平安戏院(日)

　　　　　肖　邦:$^{\flat}$b 小调谐谑曲

　　　　　杜、吴:《鱼美人》选曲三首

　　　　　钢　琴:Yamaha

　　　　　加　演:$^{\#}$c 小调谐谑曲(肖邦)

　　同样的琴,换了个场子,用扩音器,但台上的感觉也并不见得好,仍嫌干,高音不出来。Scherzo 我总觉得需气魄之处不够,好像没顶住,总的布局还可以,但要重温第二主题的处理。《鱼美人》比前一场好,较紧凑,"人参"速度上稍拉住,可是始终未弹出顶棒水平,"婚礼场面"要做练习,最近弹太多了。

1962.10.14

澳门平安戏院(晚)

　　　　　肖　邦:$^{\flat}$b 小调谐谑曲

　　　　　杜、吴:《鱼美人》选曲三首

　　　　　加　演:采茶扑蝶(刘福安)

　　　　　　　　　谐谑曲 No.3(肖邦)

　　　　　钢　琴：Yamaha

　　比下午一场冷静，有意识地想做些东西，但发觉肯定、果断不够，这也是我演奏中需要克服的一面。所有的作品有好的进展的地方，但仍不理想，以后有了录音设备，可以仔细地推敲。关于 Encore 节目，大有学问！

1962.10.15

澳门平安戏院（晚）

　　　　　李斯特：匈牙利狂想曲第 12 首

　　　　　加　演：采茶扑蝶（刘福安）

　　　　　　　　　婚礼场面（杜、吴）

　　　　　　　　　谐谑曲 No.3（肖邦）

　　　　　钢　琴：Yamaha

　　练琴不多，狂想曲在广州演出之后未再练，引子还可以，但在降 D 大调主题出来的二页有些慌乱松弛，结尾还有些气氛，准确性不够，以后再演出时，要重温，考虑处理。Encore 节目也是这样，有新东西，但加工不够。

1962.10.23

上海音乐厅（晚）

　　　　　肖　邦：$^{\sharp}$c 小调谐谑曲

　　　　　　　　　前奏曲四首 Op.28 No.13、16、19、24

　　　　　加　演：$^{\flat}$b 小调谐谑曲（肖邦）

　　　　钢　　琴：Steinway

　　开始紧张,技术很不顺手,无论八度或手指的快速行进全无
把握,情绪拘束。前奏曲稍好些,但 No. 16、19 亦是在技术上危
险,No. 16 左手的起伏不够,手指还要结实,No. 19 则太飘,除了
旋律部分以外其他不清楚。加奏的谐谑曲,较放松自信,效果
好,弹得利落,据反映很深,很诗意。

1962. 10. 24

上海音乐厅(晚)

　　　　肖　　邦：$^\flat$b 小调谐谑曲

　　　　　　　　前奏曲四首 Op. 28 No. 13、15、16、24

　　　　钢　　琴：Steinway

　　　　加　　演：$^\sharp$c 小调谐谑曲 Op. 39(肖邦)

　　　　　　　　快乐岛(德彪西)

　　今天的谐谑曲不如第一天加奏时,或许因刚上来,手不热、
心不热之故,准确度也仍不够。这首作品觉得还需要简练升华,
四首前奏曲较昨天有把握些,情绪稳当了一点。第三谐谑曲在
加奏时演奏情绪迥然不同,显得顺畅光彩,但和《快乐岛》一样,
感觉练得不够,技术上总有蒙混过关的情形。

1962. 10. 25

上海音乐厅(晚)

　　　　德彪西：水中倒影

肖　　邦：$^{\flat}$b 小调谐谑曲

钢　　琴：Steinway

加　　演：匈牙利狂想曲第 12 首(李斯特)

　　　　　$^{\#}$c 小调练习曲 Op.10(肖邦)

今日情绪较好,音响也稍自然、饱满。《水中倒影》弹得较小心,虽然处理的风格是较即兴性的。这首曲子尚未弹得满意,或许因技术上的磨炼一直过少之故。谐谑曲比第二天好,但仍不如第一天那样放开自如,情绪是紧凑的。狂想曲不错,弹得果断热烈,相当自信、自由。练习曲也较前一天好,节奏出来了。

1962.11.2

上海音乐厅(晚)

肖　　邦：f 小调第二协奏曲(上海交响乐团,陈传熙)

钢　　琴：Steinway

加　　演：$^{\flat}$b 小调谐谑曲(肖邦)

Concerto 合作不好,音响亦不好,没有音色,细而闷,与加演的独奏曲截然不同。精神较抑郁,所以都太含蓄了,似乎清新鲜明不够。第一乐章、第三乐章都有些错,第二乐章则觉中段未推起来,平了些。在不满的心情下,弹的 Scherzo 却出乎意外的比较成功,可能不太拘谨,考虑较少。

1962.11.13

中央音乐学院礼堂(北京)

　　　　　　肖　　邦：$^{\flat}$b 小调谐谑曲

　　　　　　李斯特：匈牙利狂想曲第 12 首

　　　　　　钢　　琴：Steinway

　　　　　　加　　演：即兴曲(Fauré)

　　　情绪不佳,身体不好,感觉音响硬而响,缺少柔和、甘美的色彩,音乐不够流畅,Rhapsody 有些散,总的力度较强,但没有真正的激情。有人说我没情绪(蓓),有人说非常喜欢这种激昂的情绪(毛、王)。

1962.11.14

中央音乐学院礼堂

　　　　　　肖　　邦：$^{\flat}$b 小调谐谑曲

　　　　　　李斯特：匈牙利狂想曲 No.12 首

　　　　　　钢　　琴：Steinway

　　　　　　加　　演：即兴曲(Fauré)

　　　钢琴的位置移后了些,但自我感觉声音较闷,总的演奏比前一天含蓄,但仍不舒畅,音乐不是源源倾泻,而是努力抓出来的。Rhapsody 仍较散,需要整理,Scherzo 亦是。Fauré 音乐活动些,但技术上要磨炼。

1962.11.16

中央音乐学院礼堂

> 肖　　邦：♭b 小调谐谑曲
>
> 杜、吴：《鱼美人》选曲三首
>
> 钢　　琴：Steinway
>
> 加　　演：♯c 小调练习曲（肖邦）
>
> 　　　　　即兴曲（Fauré）

　　较之前二场今天 Scherzo 有进步，稍顺畅，也不过分撑，但副题的处理仍不理想，要找一找，考虑一下。"人参舞"有新的东西，"水草"中段不完美，"婚礼"太急了。加演的练习曲也是如此，而且手指发软，溜过去了。

1962.11.17

中央音乐学院礼堂

> 肖　　邦：♭b 小调谐谑曲
>
> 李斯特：匈牙利狂想曲第 12 首
>
> 钢　　琴：Steinway
>
> 加　　演：《鱼美人》选曲三首

　　今天比较安详，音乐流畅，有情绪，虽然李斯特已有好几天未弹。音响也较舒服，因此弹得较顺手，一些要求能随手、随心而出，准确度也较高，可是我要求做到万无一失！！但觉还未完全放开，《鱼美人》的拘束就更少些，较喜欢。

1962.11.18

中央音乐学院礼堂

肖　邦：$^{\#}$c 小调谐谑曲

$^{\flat}$b 小调谐谑曲

$^{\#}$c 小调夜曲

前奏曲 8 首（No.1、3、8、12、13、16、19、24）

钢　琴：Steinway

加　演：E 大调练习曲（肖邦）

c 小调练习曲

b 小调谐谑曲

　　开始情绪不佳,有些紧张,也可能累了,不过自己练习准备不够还是主要原因,根本原因。二首谐谑曲完全是在一种紧张、拘束、无动于衷的情况下飞过去的,技术上也溜得很厉害,音乐干极。夜曲开始亦有所缓和,但因是第一次演出,表情还不是极其自然、自如,总的气氛、色彩变换较对头。前奏曲有新有旧,十二首最差些,左手节奏没拉住,十六、十九有点急忙,不从容,二十四首是较有把握的作品了。总的说极不理想! 在极其疲劳与颓丧的情况下,弹的 E 大调练习曲却非常成功,原先觉得处理不好的段落都很自然,"革命"练习曲情绪很好,但技术需磨炼,谐谑曲则是此次在京演出最成功的一回!

1962.11.21

北京人大会堂小厅

肖　邦：$^{\flat}$b 小调谐谑曲

杜、吴：《鱼美人》选曲三首

钢　琴：Foster

乐器无甚音响，听众也是有礼而已，所以自己情绪并不非常激动，弹得较小巧，细弱。谐谑曲整体抓得较好，条理清楚。《鱼美人》一般，色彩因乐器故，嫌较乏变化和美感，"婚礼"不热。总的情绪就是如此，错音较少，但并没有神采飞扬，我仍不满意！

1963.2.21

上海艺术剧院

肖　邦：$^{\flat}$b 小调谐谑曲

杜、吴：《鱼美人》选曲三首

钢　琴：Steinway（乐团）

加　奏：月光（德彪西）

很久未演出，稍有些紧张，总的说技术上较前有把握，较流利，错音减少。谐谑曲不如台下概括性强，但整个显得技巧化了。或许还要在抒情上多着眼。《鱼美人》总的不错，又有新的进展，"婚礼"更好！《月光》太平，色彩变化不够，也有些散。

1963.2.27

友谊电影院

肖　邦：$^{\flat}$b 小调谐谑曲

杜、吴：《鱼美人》选曲三首

钢　琴：Steinway（乐团）

感冒一周,未练琴,下午临时通知招待巴基斯坦外长,摸了一下,手上玄虚得很,气也憋得很。晚上演出特有热度,因而本人不冷静,错音又较多了,很难衡量演奏成绩,耳朵听不很清,但感觉音响不好,亦不知台下听来怎样。还是需要多练琴,有清醒的头脑当然重要,但踏实稳健的技巧,在演奏中不能少。

1963.5.14

上海音乐厅(上海之春)

　　　　朱践耳：云南民歌四首

　　　　肖　邦：$^{\flat}$b 小调谐谑曲

　　　　钢　琴：Steinway(音乐厅)

　　　　加　奏：肖邦练习曲三首(作品10)

　　　　　　　E 大调,c 小调,a 小调

几个月未上舞台,琴也练得不多,节目基本上是赶出来的,《云南民歌四首》还是作品初次在沪公演。上台前颇紧张,努力背谱。演奏倒还集中,Scherzo 有个别错音外,其他总的来讲不错,有情绪,有气氛,这次的演奏与前相比,显得技巧了些,但个性鲜明,处理也倾向于概括。练习曲信手而弹,E 大调很好,c 小调技术稍逊,a 小调有危险!!

1963.5.15

解放剧场

　　　　朱践耳：云南民歌四首

　　　　肖　邦：$^{\flat}$b 小调谐谑曲

加　奏：E 大调练习曲（肖邦）

钢　琴：上海牌

　　《云南民歌四首》，在音乐厅演出还颇受欢迎，在解放［剧场］却非常不被听众接受，或许曲调过生疏了。就演奏而言，谐谑曲在层次上有进步，但也更技巧了些，中段则因钢琴音色单薄，变化少，显然较平。"民歌四首"还可，但不如首次演出浑厚成一体，佳处是一鳞半爪，而非全局。E 大调练习曲，仍颇有味，只是它不是为这里的听众所需要的曲目。应该研究对象，选择曲子！

1963.5.19

解放剧场

朱践耳：云南民歌四首

肖　邦：♭b 小调谐谑曲

加　奏：G 大调练习曲（肖邦）

钢　琴：上海牌

　　这是"上海之春"的一次加场演出，仍在解放剧场。钢琴今天很糟糕，不平均，无弹性，反复音弹不出声响，用了弹键又不起来，气候影响吧！"云南民歌"开始还不错，渐渐简练了，但末首有些慌乱。谐谑曲还好，但始终不理想，我想还是没计划好全曲的布局、层次、起承转合、具体形象。值得注意的是这首作曲比较受欢迎，可能是由于它明显地提示出需要快速的手指技术吧！

1963.8.3

上海音乐厅(晚)

中国作品音乐会

　　　　　　贺绿汀：晚会

　　　　　　　　　　牧童短笛

　　　　　　刘福安：采茶扑蝶

　　　　　　黄虎威：巴蜀之画

　　　　　　李延林：瑶山春好

　　　　　　焦　爽：毛主席来到了咱们村

　　　　　　郭志鸿：喜相逢

　　　　　　丁善德：托卡塔—喜报

　　　　　　朱践耳：叙事诗

　　　　　　　　　　云南民歌四首

　　　　　　瞿维：洪湖赤卫队幻想曲

　　　　　　加奏：水草舞(舞剧《鱼美人》)

　　　　　　钢琴：Steinway(音乐厅)

　　六月中从崇明下乡回来,决定响应全国文联的号召,尝试着钢琴演奏的民族化、群众化,在一个半月的时间里,准备两个独奏会的节目。

　　准备是仓促的,健康情况亦不十分好,因此上台情绪紧张,虽然万分地想弹好这次中国作品独奏会,这是政治啊!《晚会》和《牧童短笛》,以及《采茶扑蝶》在处理上都是与别人不同,用了较快的速度,《晚会》着意在热闹,《牧童短笛》意在俏皮,"扑蝶"旨在生动、轻盈,这一组以"牧童"稍差,再现时左手有错误。

《巴蜀之画》与《瑶山春好》,较为集中,出乎意外,《巴蜀之画》较去年精练,形象也更鲜明。《瑶山春好》,初次公演,"春夜"有小错,但情绪不错,有色彩,很鼓舞,很受欢迎;"细话"和"庆丰收"一般。在这以后,精力消散。第三组不稳,焦的作品不够好。《喜相逢》缺少色彩,托卡塔还可以,但力度不够,在曲终前突然停顿了一下,颇险。下半场以《思凡》开始,《思凡》较去年在沪演出时紧凑、自如,但整个计划仍嫌不够。

　　《云南民歌四首》,在处理上与上海之春时不同,力求朴素、流畅,我想这是更好的办法,但演奏情绪不饱满,光彩不够。《洪湖赤卫队幻想曲》是新作,有个别片段技术上较棘手,中段曲调的演奏还有待研究,总的情绪不坏,拉得较紧。加奏的"水草"是熟悉的,意境全不同,显然赶出来的作品总有些生硬、做作,虽是尽可能注意音乐的流动、发展,仍听来说服力不够强。钢琴音色极闷,无气魄、光彩,使整个演奏缺少热力,虽则本人热情已经过度,需要更多冷静理性。

1963.8.10

文化广场(晚)

　　　　瞿　维:洪湖赤卫队幻想曲

　　　　加　奏:采茶扑蝶

　　在广场独奏尚为首次,但通过扩音器使观众听到声音也不是初次了,钢琴很破旧,话筒位置摆得不好,所以效果比较乱哄哄。

　　谱子瞿一周前又有变动,但属小的,作者还打算作大更动,

148

我也如此盼望。情绪并不坏,而且特别着意于中段的刻画,似乎还紧凑,不知在听众们耳中,"洪湖水"是否太宽了些。错音仍有,主要是再现部,又激动了!

1963.8.17
上海音乐厅(晚)

弗朗克：前奏、圣咏、赋格

拉威尔：小奏鸣曲

普罗科菲耶夫：第三奏鸣曲

肖　邦：第三奏鸣曲

李斯特：匈牙利狂想曲 No. 12

加　奏：$^{\#}$c 小调夜曲(肖邦)

钢　琴：Steinway(音乐厅)

准备仓促,心中对作品的掌握不大,尤其是弗朗克。上台时临时决定要用 Steinway,于情绪略有影响。上台时不作任何要求,弹出什么就什么,听之任之。开始音量较弱,弗朗克略显松散。但反映却不一,有认为好的,仍需考虑作者风格、作品内容。

小奏鸣曲较前者好,但对第一乐章处理亦需重新探讨,如何使之与第二乐章有对比,第二乐章注意色彩。普罗科菲耶夫出了差错,但很快就下去,听众欢迎,整个是技术问题,手指的钢铁性质触键不够。

肖邦奏鸣曲即兴性较大,相当流畅,我自己还是喜欢的;李斯特亦然。总的这场演出给听众负担和紧张度不大,听来较舒服,虽然体力仍不佳。夜曲好! 几乎每一点都做到。

1963.9.1

上海电视台

> 瞿维：洪湖赤卫队幻想曲
>
> 钢琴：Bechstein

最近一阶段常弹它,所以处理上开始概括、精练、紧凑了,比较一气呵成,气氛也热,虽然钢琴无甚音响,但在电视里听来,据云效果不错。错音仍有,但是与前一时期不一样,不是经常出现,只在个别段落中。技术啊! 要加锻炼!

1963.10.7

友谊电影院

> 瞿维：洪湖赤卫队幻想曲
>
> 肖邦：#c 小调谐谑曲
>
> 钢琴：Steinway(音乐厅)

情绪不坏,特别是幻想曲,较紧凑,也有气氛与效果,"洪湖水"两段的末尾曾稍有些慌,但未受影响,自己更满意再现部,结尾的技术尚需锻炼。有反映:第一部分太大太重,中段希望能多些。

谐谑曲奏时手有些黏,所以技术上显得不够干净,但总体仍抓得挺牢,就是觉得技术上不能自如放手。新的处理是有舞台效果的,再加些工就行了。

1963.10.26

友谊影剧院

　　　　瞿维：洪湖赤卫队幻想曲

　　　　肖邦：$^{\#}$c 小调谐谑曲

　　　　钢琴：Steinway（音乐厅）

　　情绪不如前次饱满，由于前一晚有宴会，疲劳而致，臂的弹性也欠佳，手指不稳。幻想曲一般，在情绪上稍有些撑，故作气魄。错音又多了，而且越想注意越出错。谐谑曲不够精神，弹得细弱精巧了点，与原打算不一样，但自己不喜欢这种解释。总的仍是技术问题，要流利、干净、结实！

1963.11.8

友谊电影院

　　　　普罗科菲耶夫：第三奏鸣曲

　　　　杜、吴：《鱼美人》选曲三首

　　　　钢　琴：Steinway（乐团）

　　演出的前一晚又逢酒会，精力又受影响。通知报到时间较晚，上台匆匆，心理准备、情绪酝酿都不够，所以奏鸣曲中错杂音较多，基本上是以情绪推动手指的运动，所以听来效果有，情绪也还有，但准确干净不够，技术上还要加工。久未弹《鱼美人》了，这次以"水草"开始，"人参舞"去掉引子作中间曲，场面压台，效果不坏。总的三曲都有进展，较新鲜，自己更满意"人参"一段。

1963.11.13

交响乐团排练厅

　　　　拉赫玛尼诺夫：第二协奏曲

　　　　钢　　琴：Steinway（乐团）

　　　　指　　挥：黄贻钧

　　不知怎的心里很慌张，上来就差点在分解和弦段落中出毛病。总的情绪是好的，但似略嫌激动了些。作品是熟的，可这次作了新的处理，力求其概括紧凑。在演奏中努力倾听手上所达到的效果，这一点比前一阶段有大进展，形式上似完美了些。由于此曲练得不多不细致，有些手指跑动的技术显得不够干净、结实、利落。

1963.11.17

上海音乐厅

　　　　拉赫玛尼诺夫：第一、第二协奏曲

　　　　钢　　琴：Steinway（音乐厅）

　　第二协奏曲就自己演奏来说或许比前次完美，除了第三乐章在 Coda 前出了小错外，但总的合作不好：貌合神离，硬凑拍子，互相迁就，味道不对，听来不顺。第一协奏曲由曹鹏指挥，基本上是二个排练合起来的，虽有不齐，但总的弹来还比较舒服。指挥今天特别紧凑。由于演出提前一周，排练过紧，所以人很疲劳，很紧张，出了差错，但总的水平有所提高，敢于解释作品，在表达上更讲究了些，对大型作品的处理能从大处着眼，可是技术仍待努力。

1963.12.21

上海音乐厅

巴　　赫：♭b 小调前奏曲与赋格

海　　顿：♭E 大调奏鸣曲

拉威尔：小奏鸣曲、戏水

普罗科菲耶夫：a 小调奏鸣曲 Op. 28

李斯特：二首练习曲

斯克里亚宾：练习曲 Op. 8 No. 5

肖　　邦：练习曲二首 Op. 25 No. 6，Op. 10 No. 7

肖　　邦：♯c 小调谐谑曲

加　　奏：b 小调奏鸣曲第二乐章（肖邦）

钢　　琴：Steinway（音乐厅）

这一次的准备仍然不能算充分，近二周各种活动都较多，演出前三天每天都有会，练习只在三小时半以内，脑子也较乱，幸好多少还控制住了这种不安情绪，尽可能使自己不多背谱而紧张，尽可能在身体上放松，不使肌肉因体力不支而过早疲劳，影响活动能力。

巴赫前奏曲还好，赋格过于流动，为了照顾发展而使直的织体冲淡，立体感较少了。海顿也可以，第二乐章总嫌平平，有些冗长，需要找一找解释；第三乐章的速度还有待商榷，一种是古曲式的急板速，一种是生活气息重的急板速。拉威尔小奏鸣曲在处理上与夏天不同，生活化了些，或许也更自由了些，色彩性踏板用得较多；第一乐章总不理想，主要是副题的处理；第二乐章速度可能不必快，使它成为古曲式的小步舞；第三乐章手指技术需注意。

《戏水》前中段还紧凑，再现未处理好，手指技术与色彩值得讲究，似乎在整个曲子中人的因素还要减少。普罗科菲耶夫是熟的了，但第一主题大乱，脑子任怎样也扭不过来；第二主题情绪不错，但旋律还更要突出；发展部的转换速度和情绪还待作进一步考虑，再现较好，后面的高潮在拉住速度的情况下也能出来，但可以。《洪湖幻想曲》未及弹修改稿，总的很紧凑。

练习曲在技术上都需磨炼，《侏儒》的速度还需研究，帕格尼尼—李斯特、斯克里亚宾在处理上需考虑，肖邦谐谑曲错了一下，技术上有进步，但处理上还望更完美更有逻辑些。这一阶段的进步，技术上较成熟了，但离目标还远，需跑步前进。在音乐上较自信，敢于独立解释，敢于丢离小节谱子，因此给人的感觉较自如；在舞台上不再像以往那样激动，而力求手上真正地做出来，既减少了听众的负担，听来也可更完整些。可以说这几次演出水平是逐有提高。但需再接再厉，才能完成明年的任务。

1964.2.29

北京音乐厅

独奏会

        巴　　赫：$^\flat$b 小调前奏曲与赋格

        海　　顿：E 大调奏鸣曲

        朱践耳：云南民歌四首

        瞿　　维：洪湖赤卫队幻想曲

肖　　邦：#c小调谐谑曲

肖　　邦：C大调练习曲

　　　　　#g小调练习曲

斯克里亚宾：E大调练习曲

李斯特：音乐会练习曲"侏儒"

帕格尼尼—李斯特：a小调练习曲

李斯特：匈牙利狂想曲第十二首

加　　奏：戏水(拉威尔)

　　　#c小调夜曲(肖邦)

　　　#c小调练习曲(肖邦)

钢　　琴：Grotrian Steinway

1964.4.15

中央音乐学院礼堂

独奏会　　弗朗克：前奏曲、圣咏、赋格

海　顿：C大调奏鸣曲

肖　　邦：#c小调谐谑曲

六首练习曲

a. 肖邦：C大调练习曲

b. 肖邦：#g小调练习曲

c. 斯克里亚宾：E大调练习曲

d. 德彪西：八个手指

e. 李斯特：音乐会练习曲"侏儒"

f. 帕格尼尼—李斯特：a小调练习曲

肖　　邦：b小调奏鸣曲

拉威尔：小奏鸣曲

普罗科菲耶夫：a 小调奏鸣曲 Op. 28

钢　琴：Grotrian，Steinway（音院）

今日服了 3/4 片咖啡因，上台总算略有精神，而且一直支持到终场，情绪饱满。

1964.5.5

布鲁塞尔皇家音乐学院大厅（国际钢琴比赛）

海　顿：C 大调奏鸣曲

肖　邦：$^{\#}$g 小调练习曲 Op. 25

帕格尼尼—李斯特：a 小调练习曲

德彪西：练习曲"八个手指"

肖　邦：$^{\#}$c 小调谐谑曲 Op. 39

钢　琴：Steinway（音院）

吃了咖啡因，精神足，上台相当镇静，直至坐下才感到在台上了，情绪是充沛的，有一点紧张，然正好。五首作品中以肖邦练习曲较午时逊色，李斯特、德彪西都好，谐谑曲弹得华彩。全场热烈活跃，长久鼓掌欢呼，丁院长也赞。久未在台上有如此水平的表演了，很激动！

1964.5.13

布鲁塞尔皇家音乐学院大厅（第二轮）

巴　赫：b 小调前奏曲与赋格

芳　　登：叙事曲

肖　　邦：b 小调奏鸣曲第一乐章

拉威尔：小奏鸣曲

普罗科菲耶夫：a 小调奏鸣曲

钢　　琴：Steinway

今日极累，要说从第一轮下来就如此，芳登之作把我害苦，心里紧张，也影响其他作品的准备。肖邦、拉威尔都乏新鲜之感，在台上有硬撑之感。大汗淋漓，狼狈不堪，就像前阵在上海演出的情景。咖啡因未起积极作用，反变成令人心悸的物品，很不满意。

1964.5.26
布鲁塞尔艺术宫大厅(第三轮)

弗朗克：圣咏与赋格

基　　内：协奏曲

拉赫玛尼诺夫：第一协奏曲

钢　　琴：Steinway(新)

点到弗朗克，这是我的薄弱环节，很紧张，信心不足，有一种要停顿下来的感觉，出了明显的错音，很糟。新协奏曲平平，上午排练时，作者盛赞我赋予的色彩。拉赫玛尼诺夫尚好，然最大问题在力度不够，不能从乐队中突出，华彩性也不够，这与体力不佳有关。最后两天因此之故处理都作了改变。健康！给了我多大的妨碍！

1964.6.16

布鲁塞尔玛德兰厅

独奏会　　　　　　肖　邦：b 小调奏鸣曲

　　　　　　舒曼—李斯特：奉献

　　　　帕格尼尼—李斯特：a 小调练习曲

　　　　　　　　杜、吴：《鱼美人》选曲四首

　　　　　　　　贺绿汀：牧童短笛

　　　　　　　　丁善德：新疆舞曲

　　　　　　　　拉威尔：戏水

　　　　　　　　德彪西：快乐岛

　　　　　　　　加　奏：夜曲 Op. 9 No. 2（斯克里亚宾）

　　　　　　　　钢　琴：Steinway（第一次应用）

　　身体向来不好，人昏昏的，全无力。肖邦布局尚佳，也还有情绪，然准确度无，可听众欢迎。舒曼的歌则差点要出乱子，在肖邦之后，两首李斯特全没控制力，技术上也过不去，手发抖了，a 小调练习曲不能与比赛时相比。

　　《鱼美人》很受欢迎，"人参""水草"为甚;《牧童短笛》一般，色彩是清新的;《新疆舞曲》丁院长赞了，我个人并不觉得有多好。拉威尔与德彪西亦不突出，主要在特殊的色调和音响没做出来，然亦有人赞拉威尔弹得最好。加奏了斯克里亚宾的左手夜曲，我近日特喜欢它，心情有关! 总的说，我不同意这次演出。老太太今日极热情，肖邦奏鸣曲之后，热烈吻我!

1964.6.24

驻荷使馆(海牙)

独奏会　　　　　海　顿：C 大调奏鸣曲

帕格尼尼—李斯特：练习曲

德彪西：练习曲"八个手指"

肖　邦：C 大调练习曲 Op. 10 No. 7

肖　邦：谐谑曲 No. 3

杜、吴：《鱼美人》选曲四首

贺绿汀：牧童短笛

丁善德：新疆舞曲

拉威尔：戏水

普罗科菲耶夫：第三奏鸣曲

钢　琴：Blüthner(租、旧)

　　健康情况较前一阵开始有所恢复。钢琴旧,故声音响亮,弹来也不致太费力。还算放松。海顿的第一乐章总不理想,第二乐章则有老一套之感,但尚好。李斯特练习曲弹得还好,听众哗然。

　　德彪西则因钢琴之故,而未显其色,一般化了。肖邦练习曲好像一直未真正过关,应付而已。谐谑曲则总较有效果,近日八度把握也较大,可较自如地演奏。

　　中国作品以《鱼美人》效果好,"人参舞"总引起活跃的空气。拉威尔在此琴上无效果。普罗科菲耶夫几次来都有一定把握,弹得总较好,或许因其技术上过关后紧张激动较少之故。

1964.7.7

芬兰　于伐斯屈拉

　　　　　海　顿：C大调奏鸣曲

　　　　　肖　邦：b小调奏鸣曲

　　　　　贺绿汀：晚会、牧童短笛

　　　　　丁善德：新疆舞曲、托卡塔

　　　　　拉威尔：小奏鸣曲

　　普罗科菲耶夫：第三奏鸣曲

　　　　　钢　琴：Steinway

　　　　　加　奏：练习曲（德彪西）

1964.7.9

芬兰　　赫尔辛基

电视

　　　　　肖　邦：练习曲四首

　　　　　　　　　作品10之7

　　　　　　　　　作品25之6、4

　　　　　　　　　作品10之4

　　　　　杜、吴：《鱼美人》选曲四首

　　　　　钢　琴：Steinway

　　未曾很好练琴，人又累，弹得不太好，尤以作品25之4练习曲为甚，很不愉快。琴破旧，大声，键反应也不灵，《鱼美人》略好些，有点色彩性效果。

1964.8.24

北京市少年宫

贺绿汀：晚会

贺绿汀：牧童短笛

刘福安：采茶扑蝶

瞿　维：洪湖水浪打浪

储望华：翻身的日子

帕格尼尼—李斯特：a 小调练习曲

钢　琴：星海（小三角）

加　奏：练习曲"革命"（肖邦）

　　回国后一直未练琴，疏时抓了一下，学了《翻身的日子》。久不弹不演，多少有些怯场紧张。情绪还可，但准确较差，新作品速度飞快，不能压缩。回来累极，头疼，四肢抽筋。

1964.9.24

上海锦江小厅

储望华：翻身的日子

孙以强：引水到田心欢喜

孙以强：送红榜

钢　琴：Bechstein

　　回来十天，前一日才背出了《引水到田》，今日就被点上了台。生活得较紧张、较乱，喝了咖啡去演出，总算支持了一下。还镇定，但显得三首作品都着了一样的色。《翻身的日子》还得多考虑民乐队效果和特点,《引水到田》要考虑层次变化,《送红榜》亦然。

1964.10.2

文化广场

> 储望华:翻身的日子
>
> 　　　　解放区的天
>
> 孙以强:引水到田心欢喜
>
> 孙以强:送红榜
>
> 钢　琴:上海牌

许久不演出,作品又新,琴也不熟,上台很不稳定。心跳头热,不能控制,于是速度普遍增快,令人窒息,错音亦多。储望华两首小品,听众还能接受,而孙以强的两首则无效果,反映冷冷,据说"仍听不懂"。(我喝了咖啡)

1964.10.3

上海音乐厅

> 储望华:翻身的日子
>
> 　　　　解放区的天
>
> 孙以强:引水到田心欢喜
>
> 　　　　谷粒飞舞
>
> 　　　　送红榜
>
> 钢　琴:Steinway
>
> 加　奏:接过雷锋的枪

快乐的啰唆

高举革命大旗

十个月未在此处演出，节目也换了新的内容，心中无底，姑且抱着些尝试心理登台。前一晚广场演出归来，人较不安定，彻夜抽筋，不能入眠，是日四肢疼痛，精神不振，但上台反倒冷静了些，不如前一日冲动。

《翻身的日子》未进入角色，较呆、平。《解放区的天》受欢迎，弹得还可以，但层次变化仍然不清。孙以强三首以《送红榜》最差，企求热闹，而织体空，硬撑场面，观众反映也不热，《引水》与《谷粒》平平，加奏节目大受欢迎，然则我弹得粗糙。很高兴，知道了我该弹什么。

1964.10.7

乐团排练厅

    肖 邦：#c 小调谐谑曲

    瞿 维：洪湖赤卫队幻想曲

    钢 琴：Steinway

情绪还好，但钢琴较闷，听来不十分光彩，而且变化较少。谐谑曲还可，幻想曲显得重滞，在构思上、音色上似需再研究，反映热烈，在预计之外。

1964.10.9

友谊电影院

　　　　储望华：翻身的日子

　　　　瞿　维：洪湖赤卫队幻想曲

　　　　钢　琴：Blüthner

　　演奏前陪古巴外宾吃饭，到得匆忙，心慌意乱，上台时极不安宁。《翻身的日子》出了差错，情绪不佳，只是忙乱而已。《幻想曲》似不太集中，情绪不投入，完成动作与程式罢了，音调全然引不起自己的共鸣。钢琴像破锣，较差。

1964.10.21

广州东乐戏院

　　　　肖　邦：b小调谐谑曲

　　　　孙以强：谷粒飞舞

　　　　　　　　送红榜

　　　　瞿　维：洪湖赤卫队幻想曲

　　　　钢　琴：红十月

　　钢琴十分破旧，音色不佳，《洪湖》较紧凑，发展层次清楚。孙以强的二首则未能传神，要考虑其总的色彩，又要考虑其层次变化，《谷舞》注意中段速度流畅而不急。肖邦《谐谑曲》，右手的手指技术要过硬，处理的变化发展要鲜明。抓每首曲子的特性！

1964.10.23

广州东乐戏院

　　　　肖　邦：b 小调谐谑曲

　　　　孙以强：谷粒飞舞

　　　　　　　　送红榜

　　　　瞿　维：洪湖赤卫队幻想曲

　　　　钢　琴：红十月

　　　　加　奏：解放区的天

　　　　　　　　快乐的啰唆

　　谐谑曲花了些工夫处理，但效果不显著，中段仍平，嫌长，结尾较好。孙以强二首仍不好，忙乱了些，险些差错。要冷静、自如。幻想曲还可以，但似乎应站高些，《洪湖水》处理要研究。加奏了二首，听众鼓掌不停，李江同志催促总谢幕。

1964.10.24

广州东乐戏院

　　　　肖　邦：b 小调谐谑曲

　　　　孙以强：谷粒飞舞

　　　　　　　　送红榜

　　　　瞿　维：洪湖赤卫队幻想曲

　　　　钢　琴：上海牌

　　　　加　奏：翻身的日子

　　　　　　　　解放区的天

　　　　　　　　快乐的啰唆

　　较冷静,技术上准确性较高,交代得清楚。几首曲子都有进步,但谐谑曲的布局还需思考。《谷粒飞舞》等两首色彩层次更鲜明些。加奏的三首以《啰唆》较弱,不够从容。琴音不准、杂音多,国产新琴啊!

1964. 10. 25
广州电视台

　　　　储望华:解放区的天

　　　　孙以强:谷粒飞舞

　　　　　　　　送红榜

　　　　瞿　维:洪湖赤卫队幻想曲

　　　　钢　琴:Robinson

　　钢琴破旧,声音锵锵,力度变化不多,键子反应也不灵敏,弹来无情绪。《送红榜》与幻想曲略好些,前两首不十分集中,特别是《解放区的天》平平而过。

　　一天未练琴,仅跑了一遍节目,有些疲劳,因而精神不振,无热情,放不开来。

1964. 10. 27
广州东乐戏院
　　独奏会

　　　　肖　邦:b小调奏鸣曲

　　　　李斯特:侏儒

　　帕格尼尼—李斯特:a小调练习曲

　　　　　《鱼美人》选曲六首

　　　　　　云南民歌（朱践耳）

　　　　　　翻身的日子、解放区的天（储望华）

　　　　　　引水到田心欢喜（孙以强）

　　　　　　谷粒飞舞、送红榜

　　　　　　洪湖赤卫队幻想曲（瞿维）

　　加　　奏：采茶扑蝶

　　　　　　快乐的啰唆

　　　　　　接过雷锋的枪

　　　　　　高举革命大旗

　　钢　　琴：红十月

1964.10.29

广州南方戏院

　　　　肖　　邦：b小调谐谑曲

　　　　孙以强：谷粒飞舞

　　　　　　　　送红榜

　　　　瞿　　维：洪湖赤卫队幻想曲

　　　　钢　　琴：Steinway（365680）

　　　　加　　奏：解放区的天

　　　　　　　　接过雷锋的枪

　　音色较好，但键重人累，弹来觉吃力，不能神采飞扬。谐谑曲似还需考虑处理，孙以强二首进展较大，问题不多。幻想曲则嫌重,音乐滞呆,我想修改它。《解放区的天》今日最好。

1964.10.30

广州南方戏院

  肖 邦:b小调谐谑曲

  孙以强:谷粒飞舞

     送红榜

  瞿 维:洪湖赤卫队幻想曲

  钢 琴:Steinway(365680)

  加 奏:解放区的天

     翻身的日子

     接过雷锋的枪

  谐谑曲今日整个的采用了较快的速度,但弹来还不觉过急,看似可行。《谷粒飞舞》尚佳,《送红榜》无甚大问题,但情绪不热,声音有些飘。《洪湖》今日也作了些处理上的改动,尚可,极累,肩、背、手指疼。

1964.10.31

广州南方戏院

  储望华:翻身的日子

     解放区的天

  孙以强:引水到田心欢喜

     谷粒飞舞

     送红榜

舞　　剧：《鱼美人》选曲六首

黄虎威：巴蜀之画

瞿　　维：洪湖赤卫队幻想曲

钢　　琴：Steinway（365680）

加　　奏：采茶扑蝶

　　　　　小扁担、三尺三

　　　　　高举革命大旗

　　　　　快乐的啰唆

　　　　　接过雷锋的枪

　　情绪较佳，《幻想曲》《鱼美人》以及孙以强三首都概括、集中、鲜明。

1964.11.1

广州南方戏院

肖　　邦：b 小调谐谑曲

孙以强：谷粒飞舞

　　　　　送红榜

瞿　　维：洪湖赤卫队幻想曲

钢　　琴：Steinway（365680）

加　　奏：翻身的日子

　　　　　快乐的啰唆

　　　　　解放区的天

　　　　　小扁担、三尺三

肖邦的谐谑曲较紧凑、简要,《谷粒飞舞》尚佳,《送红榜》采用了较日前略快的速度,效果仍不理想。幻想曲尚佳,较集中、鲜明。加奏作品不够从容,尤以最后一首为甚。今日体力不如昨日!

1964.11.2

广州文化公园

　　　　储望华:翻身的日子

　　　　孙以强:谷粒飞舞

　　　　　　　　送红榜

　　　瞿　维:洪湖赤卫队幻想曲

　　　钢　琴:Morrison(立式)

　　　加　奏:解放区的天

　　　　　　　接过雷锋的枪

在大场子露天演出,使用扩大器,显然不知什么效果,钢琴本身似无甚音响,音色都平平而过。内心不十分激动,即或有激动,也是属于程式的,而不是创造性的。弹《幻想曲》时断了钢丝,仍加奏了两曲。

1964.11.15

上海锦江小厅

　　　柴科夫斯基:俄罗斯舞曲

　　　瞿　维:洪湖赤卫队幻想曲

　　　钢　琴:Bechstein

柴曲才练几天,极简单,无太大意思,上台略有些紧张,总算平平而过。《幻想曲》在破琴上简直只有一片响声,没有明显的色彩、力度、情绪变化,弹来毫不动人,努力使自己激动,而无效。下来,自我感觉又冷淡又难过。

1965.1.1
上海音乐厅

> 青年钢琴协奏曲(交响乐团;指挥:黄)
>
> (再来)[1]
>
> 钢　琴:Steinway(音乐厅)

虽然经过多次排练,但上台仍然不很平静、舒坦,错杂音多了,在速度节奏上都有些偏急,不够坚定有力。据说钢琴声部这次基本上都能听到,可是我总不满足于此,一定要使这个主奏声部突出。

1965.1.14
上海电缆厂

> 储望华:翻身的日子
>
> 　　　　解放区的天
>
> 加　奏:高举革命大旗
>
> 　　　　采茶扑蝶
>
> 钢　琴:Moutrie(乐团)

1　原文如此。从后文推测,疑为指加奏《再现部》。编注。

久不弹琴,手指感觉尚好,肩臂用力不自如。《翻身的日子》速度太快,此已成每次演出之通病,必须纠正,很好控制自己,使民族风格表现出来。《解放区的天》则不活跃。听众是热情、热烈的。

1965.1.17
上海电缆厂

　　　　　储望华:翻身的日子
　　　　　　　　　解放区的天
　　　　加　奏:接过雷锋的枪
　　　　　　　　快乐的啰唆
　　　　钢　琴:Moutrie(乐团)

很累,有点心跳,所以速度普遍较快,钢琴无甚色彩,如打铁友,轻、响全不明显,《雷锋的枪》总觉不如意,处理还要捉摸。

1965.1.23
上海电缆厂

　　　　　送红榜(孙以强)
　　　　　解放区的天(储望华)
　　　　加　奏:高举革命大旗
　　　　　　　快乐的啰唆
　　　　　　　接过雷锋的枪
　　　　钢　琴:Moutrie(乐团)

情绪好,《送红榜》有小错,《解放区的天》一次比一次自如,《啰唆》太快,《雷锋的枪》有错音,看来八度和弦技术还待努力。一定要使五指过硬。

1965.2.2

上海音乐厅

　　　　　　　青年钢琴协奏曲(交响乐团,曹鹏指挥)

　　加　奏:《再现部》

　　　　　　解放区的天

　　钢　琴:Steinway(音乐厅)

　　上台不够冷静,因此主题出来有错杂音,以后亦然,可见练琴不够,过硬不够。整个演奏较元旦时更为紧凑,概括,但气魄仍需增加。加奏后听众鼓掌不停,弹《解放区的天》手指完全发软,很不灵巧,含糊不清。人是累的,虽然喝了些咖啡。

1965.2.3

上海音乐厅(日)

　　　　　　　青年钢琴协奏曲(交响乐团,曹鹏)

　　　　　　高举革命大旗

　　　　　　解放区的天

　　加　奏:《再现部》

　　钢　琴:Steinway(音乐厅)

　　情绪饱满,合作上还有些问题。《革命大旗》最好,是弹得最完整的一次。《解放区的天》较昨日好,但仍嫌匆促,反复音不清,非理想。加奏《再现部》较好。

1965.2.3

文化广场(夜)

青年钢琴协奏曲(交响乐团)

钢 琴:Steinway(乐团)

今日连演两场,晚间较白天头脑反而清楚,咖啡是有作用的。扩大器的调节使琴音出来了些,与排练时截然相反,黄团长说效果好的。从演奏上来说,情绪或许不如白天热,但技术上完整些。对于听众来说,作品仍是不够群众化,也太大。

1965.2.4

上海音乐厅

青年钢琴协奏曲(交响乐团;指挥:曹)

高举革命大旗

解放区的天

钢 琴:Steinway(音乐厅)

演奏基本上是完整的,但华彩乐段仍出了错音。由于大雨吧,钢琴越来越闷,光泽缺少,自己也有点使不上劲之感,肩、背、臂都酸疼。《解放区的天》较前两天都完整,但情绪欢愉不够。还有两场,必须坚持。

1965.2.5

上海音乐厅

青年钢琴协奏曲（交响乐团；指挥：曹）

加　奏：解放区的天

小扁担、三尺三

　　肩背越来越痛，臂的动作不灵活，用了膏药，精神亦不佳，每晚用咖啡来帮助演出。演奏与前几天相差不多，就是觉得少了些光彩。《解放区的天》总保持一定水平。《小扁担》，刚报节目群众就鼓掌欢迎，但全曲太短，应该用自己的修改稿。（电缆厂同志今日来听演出。）

1965.2.6

上海音乐厅

青年钢琴协奏曲（交响乐团）

加　奏：高举革命大旗

解放区的天

再现部重复

　　整个完整，错音也较少，但某些地方仍合得不十分理想。《高举革命大旗》不如第二场，但尚好，稍嫌用力不出，音色暗些。《解放区的天》较好，特别是第三部分。再现部重复，指挥太激动，故而不甚齐。

1965.2.13

上海音乐厅

青年钢琴协奏曲（交响乐团）

加　奏：接过雷锋的枪

　　　　解放区的天

　　　　小扁担、三尺三

　　周末下厂练琴不多，昨日审查走了一遍，片断稍作练习。情绪饱满，颇激动，但圆舞曲等段落未合好，打击乐器总是慢，而某些段的结尾分得太开，也使主曲显得零散了些。弟弟去听了。在演奏上我现在很站得住，力度也有，但响度不够（琴的音色自然有关）。《小扁担》的节奏要捉摸！

1965.2.14

友谊电影院

青年钢琴协奏曲（交响乐团）

钢　琴：Steinway（音乐厅）

　　个人情绪集中，但热度不如前一天，作品演奏上的把握性是有的，但华彩乐段总不理想，技术未过硬，而弹到后半段也有吃力之感。最近几次演出都有使力费劲的现象，好像体力不充裕了，这要注意！形象固然是重要的一方面，而使劲过多，也会影响音响的远传，给人声嘶力竭之感。

1965.2.21

上海音乐厅

青年钢琴协奏曲（交响乐团）

加　奏：解放区的天

高举革命大旗

钢　琴：Steinway（音乐厅）

情绪盎然，合作也较前好，把握得牢，内在有力，唯体力不佳。加奏是在硬撑的情况下弹的，本拟用《没有共产党就没有新中国》，到时因觉手指无力，头脑发热，为稳住起见，未用。于心不舒畅：这样考虑对不对？是否是不过硬，没有"拼"的精神？

1965.2.24

上海锦江小厅

洪湖赤卫队幻想曲

钢　琴：Bechstein

从车间里抓出来，参加晚上为陈总举行的晚会。近四月未弹此曲，谱子也不在手边，又无充裕时间练琴，紧张自不免。以咖啡提神，总算弹下来了，唯琴旧，音色破，无韵味。对此曲的处理，今日弹后有些朦胧的新想法，待谱子还来后再认真考虑，试奏。

1965.3.6

上海国营第一棉纺织厂

高举革命大旗

　　　　　解放区的天

　　加　奏：没有共产党就没有新中国

　　钢　琴：Moutrie

　　一周内练琴不多，健康情况亦欠佳，上午又听了报告，仅午后稍弹了一会。情绪还好，唯新曲《没有共产党就没有新中国》在技术上不够干净利落，似还需考虑整个作品的性格处理。下次演出，当以此为正式曲目。

1965.4.21

上海锦江小厅

　　肖　邦：谐谑曲第三首

　　瞿　维：洪湖赤卫队幻想曲

　　钢　琴：Bechstein

　　很久没练琴，手指发软，而且精神体力均差，上台紧张。钢琴是破旧的，作金属声，弹来无情绪。

1965.5.1

上海音乐厅

　　瞿　维：洪湖赤卫队幻想曲

　　　　　随时准备战斗

　　钢　琴：Steinway

　　加　奏：解放区的天

　　　　　高举革命大旗

仍末练琴,临时抓了《随时准备战斗》,技术上还未过关,编曲上也有问题,需修改。《洪湖》前半截情绪进不去,险乎出了乱子。总的技术状态不佳,不自如,体力亦差,非春节阶段可比。

1965.5.2

上海音乐厅

　　　　瞿　维：洪湖赤卫队幻想曲

　　　　　　　　随时准备战斗

　　　　钢　琴：Steinway

　　　　加　奏：解放区的天

　　　　　　　　快乐的啰唆

　　　　　　　　没有共产党就没有新中国

今天精力略好,弹来不如前晚费力,因而音乐也较集中、顺畅。"越南"作品技术上要磨炼。引子做了改动,觉得较好。加奏的最后一曲效果差,看来作者采用的织体不能体现所需的内容。

1965.5.25

大世界(上海之春)

　　　　　　　战斗的越南人民

　　　　钢　琴：协会 Blüthner

琴不顺手,精神力量都不够,练得也不多,作品也不满意,所以虽想弹好,没有物质保证,终告失败。扩大器放得也不好,听来糊涂一片,效果不明。

1965.5.29

上海音乐厅

战斗的越南人民

    钢   琴：Steinway

    加   奏：高举革命大旗

作品稍作修改，也练了一下，效果还有些，但自己总觉不满意，还要加工。琴显然练得不够，技术上是不保证的，如果作品还可打及格分，则演奏要不及格了。如何是好？该练琴呢？

1965.5.30

上海音乐厅

战斗的越南人民

    钢   琴：Steinway

    加   奏：全世界无产者联合起来

            高举革命大旗

            随时准备战斗

今日情况较进步，没有过分紧张而致太冲动，冷静、控制一点有好处。听众较热，不让下台，可是我的演奏还是不能令人满意的，情绪好，然而艺术质量不够，总是错音，这很不好。

1965.7.26

118 厂

    瞿   维：洪湖赤卫队幻想曲

加　　奏：解放区的天

接过雷锋的枪

钢　　琴：Moutrie（团）

一月余未弹琴,昨日稍加练习,今日手指还算听话,唯精神疲劳,有些紧张,《洪湖》后部差点出岔。听众是热情的,但我感抱歉,质量不高,以后该怎样保证? 不知!

1965.7.30

118 厂

瞿　　维：洪湖赤卫队幻想曲

加　　奏：解放区的天

快乐的啰唆

高举革命大旗

钢　　琴：Moutrie（团）

上次下台后就未弹琴,上场前摸了几分钟,虽累,但似没负担,冷静了,情绪反比上次好,准确性也高。听众热烈,加奏了三次,看来人们更希望听些轻松愉快的,不要大块地压上去! 需要积累曲目呢! 可何时能练琴?

1965.9.17

市人委礼堂

瞿　　维：洪湖赤卫队幻想曲

肖　　邦：#c 小调谐谑曲

　　　　钢　　琴：Steinway（音乐厅）

　　一月余未弹琴，临时任务，恢复尚快，唯体力不足，左手小指架不住，致有扭伤感。幻想曲采用较快速度，看来能使作品紧凑些，但作品的后半部总嫌冗长、勉强。肖邦尚好，处理尚可，技术上则不够"硬"，无论是八度或手指的跑动片断。将给我搬去钢琴，便在厂中可练琴。但时间何在？

1965.9.27（一）
上海重型机器厂
　　　　　　　　　　翻身的日子
　　　　　　　　　　唱支山歌给党听
　　　　　　　　　　接过雷锋的枪
　　　　钢　　琴：Moutrie（乐团）
　　　　加　　奏：洪湖水浪打浪
　　　　　　　　　　解放区的天
　　　　　　　　　　快乐的啰唆
　　　　　　　　　　送红榜

　　好久未弹琴，乍一上来舞台感不平衡，较冲动，但为听众，情绪是好的、够的，所以反映热烈，出乎意外。不过我倒希望能够纯粹地为工人同志演出，没有学生、职员在内，这样试验就可更确切。弹了多首，以后演出用什么呢？是个大问题呢！

1965.9.28（二）

上重"铸造车间"

> 翻身的日子
> 唱支山歌给党听
> 接过雷锋的枪

　　中午来杨树浦，演出地点是劳动公园，设备很差，扩大器也未试。台下吵闹，因为家属较多，从几首作品来看，似还是《翻身的日子》有些钢琴效果，而《山歌》则在此种琴上不显其优美或色彩。人累，故在台上较"冷"，天冷也有关系，感觉不太放松，而且努力想做到准确完整，弹来就较严谨。

1965.9.29（三）

上海乐器厂

> 翻身的日子
> 唱支山歌给党听
> 接过雷锋的枪

　　因着留团人员演出之需，把我拉去。整个一天人很累，情绪不高，钢琴用的国产出口琴，奇怪的是印着的牌号。是新琴，因此声音闷而单薄，简直无甚效果。台下听众多的是孩子，闹哄哄，努力地去了，但感情不激动，没有在闵行感觉舒畅，准确度也不高。

1965.10.6（三）

上海重型机器厂

翻身的日子

唱支山歌给党听

接过雷锋的枪

钢　琴：Moutrie

加　奏：洪湖水浪打浪

采茶扑蝶

解放区的天

快乐的啰唆

高举革命大旗

　　下午练了一小时琴，复习了《采茶扑蝶》，虽然也有一周未弹琴，但手的感觉反而较好，很灵活。听众的反应仍然是热烈的，要了一个又一个，因此较之前一回还多弹了一首。目前这些作品基本上是熟练的，但质量上的加工，艺术处理上的熟虑欠缺了些，这需要练习的时间，总想学些新的，不过看来可能性不太大。

中国青年音乐家演出团在香港演出引起巨大反响。图为演出团全体音乐家
（自左至右为丁芷诺、周广仁、韩宗和［秘书］、俞丽拿、刘诗昆、郭淑珍、赵沨
［团长］、严金萱［副团长］、顾圣婴、张丽娟、施鸿鄂、林应荣、沈西蒂）

1962 年 9 月,顾圣婴(右九)随中国青年艺术家演出团访问香港、澳门。图
为全团在九龙海关大楼前合影

顾圣婴与作曲家严金萱及女子四重奏团合影

顾圣婴（左二）、严金萱（右一）与香港音乐教育官员傅利沙（左一）、律师陈丕七（右二）合影于山顶别墅

顾圣婴与音乐家演出团在九龙普庆戏院演出

顾圣婴与香港《大公报》社长夫人亲切握手

顾圣婴在香港普庆戏院与
苏务滋、费彝民夫人费斐
合影

顾圣婴与音乐理论家赵沨
合影于香港普庆戏院

顾圣婴在香港新华社山顶别墅与夏里奥（犹太籍钢琴
家）交谈中

顾圣婴、刘诗昆、周广仁与华商会会长王宽城夫妇在香港寓所留影

顾圣婴在陆佑堂举行独奏音乐会后与香港大学校长夫人亲切握手

尾声 寻访

肖邦   升 c 小调谐谑曲
作品 39 No. 3
顾圣婴演奏

门德尔松　谐谑曲

顾圣婴演奏

【曹利群按：2014 年 12 月，经由上海音乐出版社的编辑胡越菲牵线，认识了顾圣婴的表妹吴慎德[1] 及吴慎德的丈夫栗盛珩、女儿栗希一家三口。在绍兴路的一个咖啡厅，我们进行了一次关于顾圣婴的访谈。】

栗盛珩：

"文革"后期（1973 年）美国费城交响乐团来华访问演出，北京派军代表来沪找顾圣婴。小姨（顾圣婴的小姨）接待的，告诉他们顾圣婴已经去世，他们就回去了。小姨知道更多的情况，后来她也去世了。

我去姨夫（顾高地）家里修家电见到过蔡蓉增。姨夫原是国民党的少将，搞情报工作的。后来受潘案牵连被判徒刑去西北改造，本来 1963 年要大赦的，出了意外没赦成。姨夫出狱后被安排在上海文史馆工作，家住在兴国路，当时的上海市副市长叶公琦家隔壁。蔡蓉增的家在襄阳北路，后来为照顾姨夫的生活起居也住进去了。姨夫一直在青海的监狱里，和社会环境完全脱离了，处事不如以前，他想把兴国路的 2 间房间搞成顾圣婴的陈列室。当时姨夫讲，将来谁能为顾圣婴搞个陈列室，他就把房子和顾圣婴的遗物都交给此人。我们几个亲戚（包括姨夫的弟弟）都没有这个能力，蔡蓉增说她能办到，姨夫也就相信了。但我们一接触蔡蓉增就感觉有一种说不出的味道。

1　吴慎德是顾圣婴大姨的女儿。顾圣婴的母亲秦慎仪在秦家四姐妹中排行老二。编注。

曹利群：

2010年我去过兴国路，见到蔡蓉增，可惜没有亲眼见到顾圣婴的东西。现在看来，顾圣婴的遗物还是在蔡蓉增手里。

吴慎德：

应该在，她应该记得的。

栗希：

早先去姨公公家拜年，就看到过一架钢琴，还有一个肖邦的手模和表姨演出时戴的项链。

曹利群：

蔡蓉增精神不正常后，没有人能和她打交道，顾圣婴的东西肯定在她那里，不可能移到别的地方去。蔡蓉增是怎么认识顾高地的呢？

吴慎德：

是姨夫有一次去听音乐会，蔡也去了。中场休息时她就和姨夫打招呼，说她是顾圣婴的崇拜者。姨夫失去女儿后，有人对女儿这么好，他感到特别亲切。就从这句话开始，他们渐渐由不认识到认识，由不熟悉到熟悉，再后来蔡就像是姨夫的干女儿一样了。姨夫出来时住兴国路靠近江苏路（叶公琦家隔壁），小姨住在愚园路，常去照顾姨夫。蔡介入后，姨夫与小姨的关系渐渐疏远，没有来往了。最后蔡就像是姨夫的亲人一样取代了其他人的位置。

曹利群：

蔡那时有多大年龄？

吴慎德：

大概有四十多岁。以前她是中学教师，改革开放后，她成了民间的文化交流的中介人，活动能力很强。实事求是讲，这么多年她一直是照顾姨夫的，直到姨夫去世。

曹利群：

您是否知道上海交响乐团的"造反派"批斗顾圣婴的细节？因为各种说法的版本很多，有人说，有人打了她耳光，甚至有人动了她的头发；也有人说，有人抄过她的家，拿掉她的物品。这些当事人现在还在，因此一提到此事，提供线索的人能避重就轻就避重就轻了，没人愿出来指认。湖南路我也去过几次，也没人知道在哪个房间斗的她。我想知道您是否了解相关的情况和细节，这事是在"文革"中什么时间、什么地方发生的？

吴慎德：

这些细节我也不知道，但我听小姨说过：顾圣婴这一天在单位里挨斗了，揪她、踢她、叫她跪下来，还打她，那时回到家里肯定是很消沉的，心里在流血……当时顾圣婴爸爸还在青海，弟弟只是天山中学的代课教师，一家人的经济收入全压在顾圣婴身上。现在顾圣婴挨批、挨斗，被划入另类，我的大姨可能会觉得前途一片漆黑，感到失望，感到绝望，可能就想还不如死了。

曹利群：

　　您觉得这个主意是妈妈出的？

吴慎德：

　　对的，我一直认为主意是妈妈出的，因为我表姐、表哥是非常听话的。

曹利群：

　　这个事情无法确认，是妈妈做的主，还是老人家和顾圣婴商量过？

栗盛珩：

　　（顾圣婴的）弟弟稍微有些独立性就不至于这样了。

吴慎德：

　　当时他们三人去世后，我们亲属感觉是大姨的主意，表哥没主见，妈妈怎么说我就怎么做，表姐处于这种状况很绝望。

曹利群：

　　那年您多大？

吴慎德：

　　那年我二十六岁，在计量测试院工作。

曹利群：

　　当时噩耗是怎么传过来的？

吴慎德：

　　事情发生在(1967年)1月31日夜里，第二天早上7点钟我舅妈赶到了我家，对我们说："牛儿(顾圣婴小名)出事了！一家三口都死了。"马上报案，公安局来人看了现场，就叫我小姨对外封锁消息，不要说是自杀的，就说是不小心煤气中毒的。将他们送到医院时，医院讲，两个女的已经不行了，那个男的打了强心针也没救过来。舅妈来我家的目的是要我妈妈一起去龙华殡仪馆。我妈妈和舅妈赶到龙华殡仪馆时，小姨也过去了。他们三人(指秦慎仪、顾圣婴、顾握奇)被推出来停在走道里，让我妈妈、舅妈和小姨看了一眼……

曹利群：

　　让她们确认？

吴慎德：

　　不是确认，就是让看一下，当时不许我们搞追悼仪式，看过之后就推进去火化了。

曹利群：

　　我听说顾圣婴弃世前写了一份类似遗嘱样的东西？究竟有没有这份东西？

吴慎德：

是这样的。他们过世后，小姨去他们屋里整理时看到一份遗书，遗书里面的内容小姨肯定看到，对我姨夫肯定是有嘱托的。我只记得其中一条内容，说她还欠我妈妈多少钱，叫小姨帮她还掉。后来小姨就把钱还给我妈妈了。这份遗书现在已经找不到了。

曹利群：

既然看了遗书，小姨当时为何不把遗书拿走呢？

吴慎德：

这就不知道了。

曹利群：

等于这个事情没有定论，我估计看了以后有可能拿走了，但小姨去世后没有人问，这事情久了没人知道了。

吴慎德：

这事最清楚的是我的小姨，也就是顾圣婴的小姨，可惜小姨已经去世了。小姨是处理顾圣婴遗物的当事人，顾圣婴到苏联学习带回来的照相机和手表，小姨就拿过来给我，说是留着纪念。过了一段时间，也是一个清晨，小姨来我家，她说，团里（上海交响乐团）要顾圣婴的东西，把相机、手表等东西都要回去了。后来这些物品的下落，小姨也不知道了。

栗盛珩：

　　恍惚记得当时姨夫在桌台玻璃板下压了一份遗嘱。

吴慎德：

　　当时姨夫的桌台玻璃板下是压着一份东西，是不是遗嘱印象不深了，没上心。但有一件事我记得，在姨夫生病去世后，他的弟弟和我们都参加了追悼会，会后他的弟弟与蔡蓉增在襄阳公园碰头，商讨姨夫留下的东西该如何处置。为何提起此事，还是蔡蓉增主动说起此事，我们不晓得。

栗盛珩：

　　我们确实没有看到过遗嘱。

吴慎德：

　　过了不久，上海文史馆召集亲属（顾圣婴爸妈两方面的亲人）一起到文史馆开会，商讨如何处置姨夫留下的东西。当时我妈妈已过世了，小姨在，舅舅在，但是他们年事已高，他们不想管这件事，所以就叫我去了。好像主要是讨论有什么遗言。当时我的想法就是按照姨夫的意愿办事，该怎样就怎样，没有要与蔡蓉增争夺什么东西的想法，姨夫的弟弟好像也没有争夺东西的想法。另外一方面姨夫与弟弟关系松散，不是很亲密。现在我记起来遗嘱肯定是有的，但遗嘱上的具体内容我记不得了。

曹利群：

　　现在是凭蔡蓉增说上面写了什么什么……

吴慎德：

我在想那时上海文史馆很慎重地开这个会，如果他们档案管理齐全的话应该有会议记录的，可以去试试查档案。

曹利群：

"文革"时是造反派当权，不要说要东西，要你命都要得了！

吴慎德：

我至今还记得顾圣婴留给我的最后一句话：要好好工作。那是1966年10月，我要去北京出差，将上海的计量标准送到北京的中国计量院。走之前，我妈妈正好去愚园路外婆家，碰到了顾圣婴，表姐就问起了我的情况，妈妈就告诉她我要去出差，顾圣婴就叫妈妈转告我，让你出差，说明领导对你是很信任的，要好好工作。

曹利群：

那时"文革"已经开始了，很多工作都停了，能够继续工作的人说明是得到组织信任的。

吴慎德：

我是10月份出差的，她托妈妈给我带话，说明她那时还是很好的。我11月份回来了，没多久就出了这档子伤心事（指1967年初顾圣婴自杀的事情）。

曹利群：

我想问问平日里顾圣婴家里的情况，因为看到顾圣婴弟弟同学的回忆文章，说是去顾圣婴家里感觉气氛比较压抑，他觉得三人之间的谈话很少，怀疑家里是否有矛盾和冲突。具体是怎样的矛盾和冲突却语焉不详。

吴慎德：

我没这个感觉，我的感觉他们姐弟俩感情是很好的，对妈妈很孝顺，非常听话。

曹利群：

妈妈没有工作？

吴慎德：

她妈妈大同大学毕业后就与顾圣婴爸爸结了婚，就不工作了，结婚后一直是做太太的。我的大姨也是我最喜欢的，大姨脾气很好，她做饭，中餐、西餐、做点心，做衣服都行。小孩做错事从来不打，印象最深的一件事是我的表哥敲碎了一个杯子，我大姨根本没说他。我觉得他们家里没有关系紧张这种感觉。平时我们接触也不多，逢年过节大家一起到外婆家聚聚。

曹利群：

外婆也住愚园路？

吴慎德：

是的。愚园路1088弄宏业花园是连体别墅。我外公外婆一家租赁了103号。姨夫一家原先住兆丰别墅，1955年姨夫含冤入狱，大姨一家仍住在那里。到了1958年，不让他们住兆丰别墅了，将他们的房子给了居委会。当时我表哥在西安上学，表姐在北京学习演出，我大姨等于是身边没亲人了。我外公就讲，算了，让他们搬过来吧。这样愚园路103号底层（饭厅和大、小客厅）全部由大姨一家居住，直到他们去世。他们刚去世的那段时间，楼下房子空着，外婆就搬下去住了。再后来房子被收掉，是房管所还是团里（上海交响乐团）收掉的不记得了。外婆只能搬回楼上居住。

栗盛珩：

现在的楼上是舅舅的子女在住着。

吴慎德：

小时候去外婆家，我们一起玩。等到长大了懂事了，平时各忙各的，见面机会少了，仅在过年过节时大家聚聚，在饭桌上碰个头。吃完饭顾圣婴就去练琴了。

曹利群：

您听过她弹琴吗？

吴慎德：

听过。顾圣婴家搬进来以后，就把钢琴放在二楼外婆的卧室里,她在楼上弹,我在楼下就能听到琴声。顾圣婴练琴时她弟弟就在边上听,找她的"茬子",给她纠错。我表哥的耳朵很灵的。顾圣婴学琴很早,刚开始时是坐在大人腿上练琴的。小孩子调皮有时也不好好练,我大姨就吓唬她:你再不好好练琴,给你一个篮子,给你一根竹竿——讨饭去!我表哥是学小提琴的,他也不好好练。男孩子不练就不练了,以后就放弃了。

曹利群:

顾圣婴的同事有说她外语很好,你听她说过吗?

吴慎德:

那时候小,我们也没有相互之间说外语。但是我相信她外语是很好的,因为她是中西女中的学生。她除了弹琴、文学好,绘画也是很好的。小时候她还画了一幅给我,她画了几只猫咪,上面涂了蜡笔。当时我读小学一年级,她读四年级。等我长大了,整理物品时无意间把画遗失了,现在后悔极了。在我看来,她什么都好,是我崇拜的偶像。她爸爸让她学琴、学文学,还注意她和弟弟的身体体质,请了拳师教他们打拳。

曹利群:

顾圣婴也练习……打拳?这个还是头一次听说。像她们那样的家庭让小孩学这学那很常见,学习打拳强身健体一般是很少的,尤其是女孩子。

吴慎德：

练！我记得有时逢年过节，他们请的拳师还与我们一起吃饭。

曹利群：

想问问有关顾圣婴的遗物有什么说法？

栗盛珩：

姨夫为什么把顾圣婴的遗物给蔡蓉增？那是有前提的，是要她搞一个顾圣婴的纪念陈列室。后来陈列室没搞起来，我就怀疑蔡有心计，别有用心。她这么接近姨夫总有她的想法。

吴慎德：

姨夫决定了，他弟弟没什么意见，我们小一辈更加没资格说话了。

栗盛珩：

姨夫回来后，我经常去和他念叨念叨。

曹利群：

您和他聊过青海的事吗？

栗盛珩：

这些事他不说的。他也有顾虑，虽然那时"文革"已结束，但气氛与现在是不一样的。伤心的事也不好问他，偶尔问一句，他不想讲,也就不好再问了。他在里面待久了,说话很谨慎。

吴慎德:

　　姨夫到青海后,原先是我大姨往青海寄东西。家里出事后,小姨经常去寄东西。

曹利群:

　　这样的变化他没起疑?

吴慎德:

　　他觉察到了:为什么只寄东西而没信件?在青海他就知道了家里发生了变故,一夜之间头发全白了。我姨夫解放后没了工作,政府要他出来工作,他没答应,他说,国民党太腐败,共产党我还要看一看。

曹利群:

　　这句话出了问题。这是哪一年?

吴慎德:

　　这时刚解放。其实姨夫也是很苦的,他在抗日的时候帮共产党干了很多事情,我妈妈说有一天到他们家里去,感觉他们都很紧张,原来他们正在藏文件,把文件藏在沙发缝里。我妈妈就帮他们一起藏。我听妈妈说过,姨夫在日伪时期也被抓过,抓进去后被灌辣椒水,什么苦都受过。本来他一心盼着出来后与家人团聚,没想到……唉。

姨夫的文采也是很好的,他出来后,《新民晚报》经常登他写的文章。

曹利群:

有没有人把顾高地的文章编成专集出版?

吴慎德丈夫:

没有。他的事好多人不清楚。

曹利群:

他自己也不讲么?

吴慎德:

我听说日本投降后,中国向日本索赔的文件是姨夫参与写的。

曹利群:

你们有没有听说过一个叫刁蓓华的女士,应该是顾圣婴她们出国访问期间的翻译?

吴慎德:

不认识。

栗盛珩:

顾圣婴平反后,追悼会上有个女的哭得很伤心,我们以为她是顾圣婴的好朋友,但小姨指给我们看,这个女人就是把顾圣婴斗得最厉害的人。她也许是良心发现。

吴慎德:

　　顾圣婴的事我小姨最清楚,因为她们住在一幢楼里。平时大姨起得早先打开厨房间的门。但这天小姨她下楼发现厨房间的门关着,还闻到一股味道,她一边下楼一边自问,今天姐姐怎么还没起来?推开厨房间的门不得了,全是煤气味!他们是开了煤气自杀的,三个人都倒在地上。这个事我表妹讲,不是这样的,外面瞎传,他们是取暖不小心煤气中毒身亡的,爸爸曾劝过她们不要用煤气取暖。但我觉得那时我表妹年龄小,舅舅舅妈没告诉她真相。"文革"时红卫兵来抄家找我表妹谈话,我表妹说错了话,导致我舅舅舅妈被单位隔离审查。舅妈被审查期间,吃饭要过一条马路,她后来说,此时她就想到了顾圣婴她们为什么要自杀,此时她就想死,就想钻到车底下去。

曹利群:

　　生不如死。

吴慎德:

　　顾圣婴平时既不骄傲也不娇气,这两个"骄""娇"都没有的,在别人眼里像个神一样。这天被批斗受到羞辱,自尊心受到沉重打击。他们自杀前,顾圣婴的老师李嘉禄也挨斗了。她们怎么会有自杀的念头呢?她们听到傅雷一家死了,杨嘉仁一家死了,黄贻钧挨斗了,陆洪恩被抓了(陆洪恩那时已经被枪毙了),整个环境如此不好,压力越来越大,这么多人都死了,我们还有什么好活的呢?母女想到一块去了。假如那时我们闯过去大家一起说说也就说开了,或者他们与我小姨、舅舅、舅妈说说这些事也可能过去了。都没说,小姨、舅舅、舅妈也没察觉,还是像平常一样,小姨他们吃好晚饭就睡了。其实她们(大姨、顾圣婴姐弟俩)这一晚应该是挺难受的。

曹利群:

很有可能白天的确发生了什么事情,只是现在没有人出来作证罢了。

吴慎德:

是啊,受不了,心里落差太大。

栗盛珩:

能活下来的人确实是很坚强的。

曹利群:

有没有关于顾圣婴演出方面的记忆?

吴慎德:

顾圣婴十六岁就登台了,那时我只有十二岁。

曹利群:

您去音乐厅看(听)过顾圣婴的演奏吗?

吴慎德：

我去过两次。一次在文化广场，另一次在上海音乐厅，后面一次收到票子晚了，赶过去只听了半场。

曹利群：

她妈妈和弟弟去听她演奏吗？

吴慎德：

那肯定去的。顾圣婴登台的时候，每次演出结束，她爸爸要去接的，她爸爸进去后，都是他弟弟去接。她第一次登台时要穿一件开司米的外套，大姨来不及结，是我小姨、我妈妈和大姨三人分工结，一起赶制。我妈妈还送了一个花篮。

曹利群：

2017 年是她含冤去世五十周年，从来没人出来纪念过她。2014 年朱晓玫在上海演奏会返场时提到了顾圣婴。她说，上海的朋友告诉我，上海音乐学院、上海交响乐团"文革"期间死了十八个人，包括顾圣婴。现在我站在这里为这些不能再到台上演出的人演一个返场曲。在北京加演时她说，当时我还是初二的学生，就在这北京音乐厅，我听过顾圣婴在这里演奏肖邦的曲子。

吴慎德：

那时顾圣婴在北京学习了九个月，我舅舅正好在北京中科院工作。后来听舅舅说起，在北京的这段时间是她最愉快的一段时间。可能就是你说的和殷承宗等同学在一起,家里的烦恼事暂时也不在眼前。顾圣婴为人非常谦虚,真谦虚。再没有比她好的人了。虽然她并不是美人,但气质非凡,同样穿一件很普通的衣服就觉得与别人不一样。

曹利群:

　　印象中她人有多高?

吴慎德:

　　1米65。比我高,她爸爸很高的,她妈妈与我一般高。衣服穿在她身上真是非常好,说话的声音也是非常好听,很柔的,很亲切的。那时候就是没条件把她的声音录下来。以前我说话声音很响,现在我的一叶肺被切除了,你们听,我的声音响不响?

曹利群:

　　(笑)挺好的。

吴慎德:

　　你们看我哪里像是生病的样子,其实是心态好。

栗希:

　　我在想,如果表姨像我妈妈这样的性格就不会那么早走了。

吴慎德:

　　也不能这么说,那时的气氛你们年轻人体会不到,有时真是生不如死。

所以我说许多事可能是老天安排的。怎么会这么巧？你看她(指栗希)和胡越菲,原先根本是不认识的。

曹利群:

你们是怎么认识的?

栗希:

我是无意中在网上搜索"顾圣婴",就搜到了《中国钢琴诗人顾圣婴》这本书,是上海音乐出版社出版的。我就打电话到出版社询问,知道这本书已经卖完了。后来我在新浪微博上搜索"上海音乐出版社",我想关注一下,看看有没有这本书的再版信息,正好看到胡越菲转发的一篇有关顾圣婴的文章,就和她建立了联系。

胡越菲:

上海音乐出版社有好多人,偏偏她把我挑了出来。2011年还是2012年,《音乐爱好者》杂志正好登了一篇结合顾圣婴日记和演出活动写的评论的文章。

曹利群:

我是2010年夏天写的《被背叛的遗嘱》这篇文章。

栗希:

后来与胡越菲聊上了,在新浪微博上看到了她的留言:北京有个老师正在写顾圣婴,你有兴趣吗?我回答说好啊,然后去问妈妈,毕竟妈妈和顾圣婴是同辈人。上周她告诉我曹老师要与我们聊聊,看到曹老师的名字感到很熟悉。因为我在微博里关注过"东方艺术中心",看到过有关曹老师讲座的信息,《被背叛的遗嘱》那篇文章记得以前也读过。

栗盛珩:

《被背叛的遗嘱》文章里提到蔡蓉增两次打官司,当时我要知道肯定出庭去做证人。这很清楚的事,她还打什么官司!为什么我们有血缘关系的人对她的遗产不关心,那是有前提的。有人帮宣传顾圣婴我是求之不得,还与人家打官司,还说什么版权?你蔡蓉增当时是怎么讲的?!

曹利群:

按道理出版社应该是和她签过出版合同,不然那些书信、日记还有照片也拿不出来。但是现在这么一来,她脑子出问题,等于没有人能与她接触,顾圣婴的很多事情就没法做下去。

吴慎德:

看在她照顾顾圣婴爸爸这么多年,至少一直陪伴他、照顾他,也算是她做了一件好事。另外她也写了些东西。

曹利群:

她关于顾圣婴写了八万字的文章,估计是打算写传记的,可惜也没有写完。记得好像在什么杂志发表过一些章节。

吴慎德:

　　不管是否发表,说明她也在做这方面的工作。至于这个纪念室为什么没办成,可能还是有许多原因的,这些我都可以理解。但是有一点我有自己的想法:既然你是顾圣婴的崇拜者,那么你就应该全心全意为顾圣婴去办这些事。你提供了许多材料,人家拿去写了文章,我觉得应该是高兴才对,这是件好事,应该很欣慰的。

曹利群:

　　因为版税的问题,她去告了编者和出版社。

吴慎德:

　　所以我对她这个行为是有看法的,她到底是全心全意为顾圣婴,还是为她自己?

曹利群:

　　很显然,由此判断,她继承这些东西不排除有经济上的想法。把顾圣婴的东西保留下来,既有纪念和传承的意义,同时这些东西将来有版权、版税,值钱的,这些东西在她手上,你要用、你要借、你要租,可以搞一搞的。当然,这我也是猜测。

吴慎德:

　　这就不对啦,变了味了。

胡越菲：

她有自己的目的吧？

栗盛珩：

当时她接触顾圣婴爸爸时我就有警觉。

曹利群：

出版社给你稿费也好、版税也好，你觉得少，可以用别的方式到出版社去讨，或者签合同的时候把丑话说在前面，先小人后君子嘛，条件不合适可以不同意出版。既然同意出了，她自己写的文章片段也收在里面，说明她是同意过的。若她不同意、不提供那些照片，也不可能印在书里。想必是后来利益上翻车了。

吴慎德：

我们应该这么说，她刚去认识顾圣婴爸爸时思想还是比较纯洁的，后来受不良风气的影响，金钱思想一点一点作怪了，变味了。所以她官司打输后，精神上就受不了了。

曹利群：

我查了官司的结论，她败诉，一审败诉，二审又告到中院，两审下来没得告了，二审法院裁决：出版社补偿她一部分钱。出版社是赢了官司赔了钱，但是她肯定觉得败诉了没达到目的，心里不高兴、不舒服。

吴慎德：

　　还有一个我觉得那时我姨夫住的兴国路的房子应该是租赁房，不是产权房，后来她不知用什么方法住了进去，因为她自己的家在襄阳北路。

曹利群：

　　她的家在襄阳北路？

吴慎德：

　　他（指栗盛珩）去过她家里。

曹利群：

　　她有小孩吗？

栗盛珩：

　　没看见她有小孩。

吴慎德：

　　蔡蓉增的录音机出了故障，请他（栗盛珩）去修一修，所以他到她家里去，没见着小孩，也可能小孩不在家。

曹利群：

　　2010年我登门的那天也不知她的话真假，但很显然她和号称是她丈夫的男人关系很不好。

胡越菲：

那人是她丈夫吗？

曹利群：

可能是吧，要不怎么住在一起呢？但我去的那天蔡蓉增说的也含糊。

栗盛珩：

先前也只看到她一个人，没听说她已结婚。

曹利群：

显然他们关系不好，当时她指着那男的对我说，他不能代表我，我是蔡蓉增，他不能代表我！然后把袖子挽起来说，你看我这个伤都是他打的，他把我关在屋里三年不让我下楼！不让我出去！这个男的就躲到屋里面去了。再也没有出来。这个楼里的居民对我说，从来没有看到这家开过门。肯定是那男的出去买东西什么时就把她锁在家里。现在这门一打开就把楼上楼下的邻居全惊动了，十几个人在门口堵着，我也不能进去看有没有钢琴。万一蔡蓉增情绪一激动发疯，出毛病就麻烦了，我只能赶紧走了。

吴慎德：

屋里有一架钢琴和一个肖邦的手模。

曹利群：

我能想到，但无缘得见，我已尽力了。我把这些经历写进了《被背叛的遗嘱》里。

吴慎德：

许多事情，你不说脑子里已经没印象，你一说现在都渐渐回忆起来了。姨夫后来是在华山医院去世的。那时我的单位就在长乐路，就是在华山医院后门附近。我不记得谁来通知我的，说姨夫已经不行了。我赶过去的时候，姨夫已经去世了，但还在病房里，嘴张开着。不知是护士还是护工用纱布绑着，把姨夫的嘴合上。过了一会，他（栗盛珩）也赶过来了，我们两人送姨夫去了太平间。

曹利群：

既然蔡蓉增是做义女的，这时应侍候在左右才对。

胡越菲：

当时她不在吗？

吴慎德：

我去的时候她不在。

曹利群：

顾高地与弟弟走得不近，自蔡蓉增介入后与顾圣婴小姨走得也不近，等于慢慢和家人都疏远了。

吴慎德：

　　那时我姨夫最信任的人就是蔡蓉增。

胡越菲：

　　可是她那时也不在，好奇怪啊！你既然已经是义女了，老人临终时总归要……

曹利群：

　　谁送顾高地进的医院的呢？

吴慎德：

　　我得到消息赶了过去，遗体还在病房里呢。我听到病友说，他走时面带微笑，表情不痛苦。我当时就说，他好像是看见我姨妈，看见我表姐了。

栗希：

　　就像是一家人团聚了。

曹利群：

　　他得什么病去世的？

吴慎德：

　　肺癌。所以我说许多事的控制器在老天那里，不在人手里。你看她们（胡越菲和栗希）相识，我和你的相识，你又正好想进一步了解顾圣婴。

曹利群：

我要把原文中错的地方订正过来，有您这样的说法，我知道了更多的生活细节。

吴慎德：

可能会有用，也可能没用。反正我们这样聊聊就作为一次缅怀，我也很高兴。我还带来一张她爸爸出来后俞云阶为他创作的肖像画拍成的照片。

曹利群：

我来上海后也是因为顾圣婴的事情结识了一位朋友，她告诉我，她家和俞云阶家是邻居，后来送我一本俞云阶的画册，里面就有这张。

栗希：

这张肖像油画翻拍后，姨公公就送到我们家里去了。

吴慎德：

送给我妈妈的，他在照片背面留了字。

曹利群：

我还看到过俞云阶写的介绍当时创作这幅画的情况的一篇文章。他没见过顾高地，关于面部表情他可以参考照片，大轮廓，他正好有一个小一辈的女孩的形象，他把两个形象结合在一起创作了这幅油画。

吴慎德:

　　画得不错,还是很像的。

曹利群:

　　气质也很像。

吴慎德:

　　我们工作时也是很忙的,现在退下来了,空余的时间多了,经常在网上收集顾圣婴的资料。我们在家里也很关心,特别是她(栗希),那时还没有她呢。

栗希:

　　这次肖邦200周年纪念没提到顾圣婴是有点不太应该。像李云迪等年轻的钢琴家应该知道顾圣婴。

曹利群:

　　怎么说呢? 现在是商业社会大潮,即便是知道,很难讲人们会不会怀着一份敬意去缅怀,会不会知道顾圣婴是一个怎样的人,从她身上可以汲取到什么东西。

吴慎德:

　　我小时候顾圣婴已经登台演出了,有了点名气,那时到外婆家里,经常听他们说的是傅聪,过后经常说起的是刘诗昆,还有李名强。那时有个玩笑,李名强是很看重顾圣婴的,顾圣婴就回了他一句话,做朋友可以,做夫妻不成。

曹利群：

顾圣婴喜欢另一个人……

吴慎德：

殷承宗年龄比她小。

曹利群：

是比她小，再加上她爸的问题没解决。所以长辈用了一个当时正面的说法：你们都还小，以后再说吧。以后就是"文化大革命"了。刁蓓华当时与顾圣婴关系最好，她在回忆顾圣婴的文章里说，顾圣婴有过爱的想法，但有点胆怯，她就鼓励顾圣婴大胆地去追求。

吴慎德：

你这么一说，有句话就说通了。顾圣婴和舅舅说过，她在北京是她最开心的日子。

曹利群：

如此一来，事情就连起来了。顾圣婴是 1967 年 1 月 31 日含冤去世的。大冷的冬天，她为什么去找殷承宗，而不去找其他人，我觉得有告别的意思，因为北京不会再来了，上海的日子不好过，挺得下去就挺，挺不下去就是最后一面。根据殷承宗的回忆文字，两人在殷承宗的宿舍里，围着一个煤油炉待了一天，说了很多话。走的时候，殷承宗还把新发的棉衣棉裤给了顾圣婴。我当时还小，只有 13 岁，也在中央音乐学院。记得 1967 年冬天

特别冷,我特别感动的是,殷承宗自己不穿,把棉衣棉裤给了顾
圣婴。要知道那时实行计划经济,给了别人自己就没穿的了。
只有相爱的人会这么做。我感觉如果殷承宗这根"稻草"顾圣婴
能抓得到的话,也可能不至于轻生。回到上海,团里又是这个样
子,家里面主要靠她的收入过日子。"文革"时,批斗对象工资也
减了,只发生活费,日子艰辛,又见到这么多熟悉的老师死去,怎
么办,怎么受得了? 没有任何一点光亮可以让她觉得有盼头。
只好一死了之。

吴慎德:

　　姨夫进去的时候,顾圣婴已工作,收入较高,他们家的日子
还过得去。但是他们家没什么积蓄,直到他们去世也没有积蓄。
顾圣婴没上班时,姨夫也没有工作,他们家的日子难过,靠寄卖
家里以前收藏的宝贝过日子。我的家里有一架美国胜家牌子的
缝纫机,大姨就借过去,用缝纫机替人家绣花,靠这个有点微薄
收入贴补家用。后来顾圣婴上班有收入了,大姨就把缝纫机还
给我妈了。因为顾圣婴学习、演出任务重,家里要保证她的营
养,给她买补品,没有积蓄,所以要向我妈妈借钱。我记得顾圣
婴在国际青年联欢节钢琴比赛获得金奖回来后,拿来一盒子纪
念章、徽章,让我随便挑,就是那个金质奖章不能给我,我们小孩
看在眼里都很喜欢。她还送给我一只活动铅笔,里面有一个克
里姆林宫的立体造型。她总想到我,出国回来总要给我带点东
西。当时我们国家还没生产活动铅笔,所以这支笔我保存到现
在,一直是最喜欢的。她藏书很多,我就托妈妈去看外婆时顺便
向表姐借书,记得借过傅雷先生译的《约翰·克里斯朵夫》。

"文革"开始这些书就都没了。(栗盛珩插话:"文革"时我珍藏的《蓝色多瑙河圆舞曲》唱片成了黄色音乐,我只能把唱片敲碎。不敲碎是过不了关的。)其实我表哥也是很好的。仪表好,可以说是一表人才;说话音色柔,与顾圣婴是一样的;功课好,考进交大不是第一名就是第二名;手也巧,当时上海流行编织玻璃丝带的包,他编的又多又好。

曹利群:

您这一说,我们才知道早年顾圣婴的家境并不很好。本以为以顾高地、秦慎仪那样的背景应该是殷实人家的。

吴慎德:

那个年代好多事是现在想象不到的。顾圣婴刚到交响乐团时很孤立的,因为他爸爸的原因,开会、学习坐在最后没人理她。她的琴艺实在太好,所以她后来跟苏联老师克拉芙琴柯学习。那时要代表国家出国比赛,交响乐团是不让她去的,认为她出身不好,后来是苏联专家担保一定要她去,只能派她去了。还好有苏联专家担保。否则她的状况还要糟糕。

曹利群:

一是她技术好,二是她练得比别人刻苦。她比别人领悟力强。同样一段时间,别人弹不下来,她可以弹下来,甚至可以弹两个曲子。她的苏联老师说,她比自己的苏联学生领悟力要好,而且勤奋。

吴慎德：

这和她比较全面的文学功底有联系。假如没有这些基础，也不一定能理解这么深刻。文学底蕴加上刻苦练习。据说她去参加比赛在火车上都练琴。

曹利群：

他们这些人都一样刻苦。刘诗昆在监狱里的时候，就在纸画的琴键图案上练习，有时就边听外面喇叭里放钢琴协奏曲《黄河》边练，出去后就可以弹了。

吴慎德：

后来刘诗昆出来，在国际上又得奖了。那时去外婆家，总能听到外婆问：那个"昆"怎么样了？那个"昆"怎么样了？除了自己努力，顾圣婴天赋也好，手形非常好，也是老天给的。后来顾圣婴出了事，好像比利时王太后还说我们中国不爱惜人才。

栗希：

她不是比利时王太后的干女儿吗？

曹利群：

这时远隔千山万水，人家帮不了她。

吴慎德：

当时比赛完了，人家想叫她留在来，但她说，我是中国的……若留下来就讲不清楚了。得奖回国后就入了团，获得"三八红旗手"称号。

曹利群：

因为她背着父亲的黑锅，所以方方面面都要比别人努力，不然的话，只是业务好不行的，她太明白这一点了。

吴慎德：

当时要求"又红又专"，只是"专"是不行的。

曹利群：

如果你们能见到蔡蓉增的话，关键是要注意钢琴、手模等物品，还有完整的日记和书信应该在蔡蓉增手里，去拿这个东西。顾圣婴书信和日记能够完整出版的话就不得了，非常有价值。再加上其他的东西做成另外一本书就是非常好的事情。女儿要担起重任，爸爸陪你去做你的后盾。胡越菲来做编辑，我来主持，我觉得只要这个能出来，她的在天之灵就可以安息了。东西暂时放在蔡蓉增那里，但这日记和书信不是你蔡蓉增的，是顾圣婴的东西，作为家人在纪念顾圣婴去世五十周年时要出版这些东西，我觉得这些是可以做的。目前来看建陈列室有点难度，出版日记和书信集要容易些。要出一个完整版，在加上录音资料。

胡越菲：

这是音乐界的大事件。

曹利群：

到 2017 年要搞个图书出版的首发式，我们来把这件有意义的事做好。

胡越菲：

我们有缘一起搞好，这是上天安排的。

曹利群：

非常高兴今天能认识你们一家人，谢谢你们。记住这一天，在这天，我们启动出版顾圣婴的日记和书信集。

（朱惠进　根据录音整理）

跋

缺失的档案

伏清白以死直兮,固前圣之所厚。

——屈原

在一个美丽却残酷的真实世界里,我们不讲故事,我们关心历史。

——加莱亚诺

2016 年的初春,一本十二年前出版的《一纸苍凉:杜高档案原始文本》(中国文联出版社 2004 年版)由一个忘年的朋友交到我的手上,他说这本书你会有用的。打开一看,方知传主是中国戏剧出版社前总编辑杜高,20 世纪 80 年代末我在他的家里见过杜先生。老人回忆说,这本被人从旧货市场捡回来的厚重的档案是 20 世纪 50 年代到 70 年代其个人在中国社会政治背景下的命运的真实记录。"它像一个可怖的暗影紧紧地跟随了我二十四年,目睹了我从一个活泼的青年变成一个衰颓的老人,目睹了我作为一个人的最美好的人生岁月的毁灭。"面对记者,杜高感慨万千。在四分之一世纪的漫长年月里,档案的威力在于迫使一个人不再是原来的"我",而变成一个被政治运动塑造成的"敌人"或"罪人"。对杜高个人来说,这本如影相随的档案神秘而令人恐惧,对一个长期被关押的人来说,档案更构成心灵的枷锁,几乎使那个人持久陷入精神窒息的状态。

杜高先生的坎坷遭际,让我联想到顾圣婴。2017年1月31日是顾圣婴不幸逝世50周年忌日,同年7月3日,将是顾圣婴80周年冥诞。两个日子发生在一年,让挂怀她的人心情格外沉重。随着岁月退隐到历史深处,许多与她有关的事件真相也愈加扑朔迷离。历史谜团之外还有心灵的谜团。近几年,每次去上海,我都要在湖南路105号上海交响乐团旧址那座小楼底下徘徊。年复一年,杂沓的落叶踩在脚下,楼宇转角落满灰尘的蛛网织了一环又一环,这些淡出生活的岁月就这样延续着每一天。同样的崇敬伴随着同样的疑惑,楼内紧锁不得入内,只好围着小楼四下兜转,带着近乎病态的执拗,我揣度着哪个是顾圣婴的琴房,哪个是她最后一次被谈话的房间,哪里是批斗她的现场。那些哗哗作响的梧桐树叶里隐约藏匿着批判的口号声,那些遥远却又恍如昨日的残酷场面一次次撞破脑海直逼眼前。人去楼空,隔着半个世纪的苍凉,顾圣婴的冤魂不肯散去,她在等待真相大白那一线穿透阴霾的光明。

回望20个世纪60年代初,随着在国际上拿奖牌的日子日渐远遁、苏联专家的离开,巅峰时期的顾圣婴开始在上海、北京、天津和广州举行不定期的音乐会。个人状态尚好,观众口碑亦佳。进入 1964 年下半年之后,文艺界意识形态风声渐紧,演奏会上,肖邦、李斯特和德彪西的作品越来越稀少,中国曲目像贺绿汀的《晚会》《牧童短笛》,丁善德的《新疆舞曲》,储望华的《翻身的日子》,孙以强的《引水到田心欢喜》《谷粒飞舞》悄然成为了主角。当时年幼的我已经在中央音乐学院附小读书,听青年钢琴家刘诗昆在礼堂演奏过《翻身的日子》,他那一米九的个子,强大的力度,几乎可以把钢琴掀翻。很难想象顾圣婴那样温润的触键如何面对这样的"翻身",更不知她的肖邦之魂如何在《谷粒飞舞》中安放。到了 1965 年,也就是所谓"四清"[1]进入高潮的那一年,除了音乐厅之外,演出场所还移到文化公园,甚至是基层工厂,上海电缆厂、国营第一棉纺织厂、上海重型机械厂、上海乐器厂等工厂的礼堂都是顾圣婴曾经演出的地方。弹奏的曲目更染上清一色的革命色彩:《唱支山歌给党听》《接过雷锋的枪》《解放区的天》《高举革命大旗》《全世界无产者联合起来》。正式演出和下乡下厂两边跑,让顾圣婴疲惫不堪,"因着留团人员演出之需,把我拉去。整个一天人很累","从车间里抓出来,参加晚上为陈总举行的晚会","临时任务,恢复尚快,唯体力不足","很久没练琴,手指发软,而且精神体力均差"。虽然如此劳累,她还一门心思想着演出的效果和不同的针对性,"能够纯粹地为工人同志演出,没有学生、职员在内,这样实验就可更确切"。而在国外哪怕是国内的音乐会上,演奏家不会遇到针对观

---

1 指的是 1963 年至 1966 年 5 月先后在大部分农村和少数城市工矿企业、学校等单位开展的一次社会主义性质的清政治、清经济、清思想、清组织的教育运动。

众调整曲目的问题,都是观众根据自己的喜好选择演奏家。从国际到国内,从知识分子观众到普通工人,顾圣婴做着各种实验,更竭力调整着自己的心态。在读了团代会有关领导的讲话后受到鼓励,她表示要"努力革命化,彻底革命化,做一个真正的革命者,一个共产主义的战士,一个共产党员"。(见 1964 年 7 月 10 日日记)即使是从今天的角度来分析,我感觉她的表态都是发自内心的。让人困惑的是,那个和俄罗斯老师如琢如磨的学生,那个当年在国际舞台上摘金夺银的钢琴家,那个勤奋有加的钢琴天才顾圣婴,如何会热衷于改变演奏曲目,加倍进行自我思想改造,向着革命化的路上迅跑?没有其他道理讲得通,唯一的原因恐怕是要尽早卸掉那个政治原罪的包袱(1955 年,父亲顾高地因所谓历史问题被判刑二十年)。年复一年,这块沉重的精神石头压得她喘不过气来。如今看来,过于残酷的周遭环境造成了顾圣婴人性的反常或反常的人性,在一个一切以"革命化"看齐的年代里,人们不知不觉就压抑了自己,歪曲了自我。就在身心俱疲的顾圣婴自我感觉即将脱胎换骨之时,甚至都有人动员她写入党志愿书了,1966 年那场突如其来的风暴将她所有的努力化为泡影,一夜之间从山巅坠入深谷,厄运把中国最优秀的钢琴家送上了有去无归的绝路。至于悲剧发生的原因,坊间传言凿凿:有人在批斗会上打了顾圣婴的耳光,那么是谁打的?有人带头去抄了顾圣婴的家,拿走了录音机和其他物件,那么是谁抄的,谁拿的?有人在顾圣婴当天夜里自杀的下午找她谈过话,那么是谁跟她谈的,谈的内容是什么?在上海的讲座现场,我不止一次在私底下听人们嗫嚅着,抱怨着,但是很少有人出来指认,只是说批斗顾圣婴的当事人很有背景,如今在上海的文艺圈还吃得开。有人甚至已经说出当事人的名字。但是证据呢，谁来作证？人证物证皆无，冤案如石沉大海。

离纪念顾圣婴的日子越来越近，要不要去看一下她尘封的档案？也许档案里并无见证历史或者顾圣婴心性的东西，不敢抱着过多希望，但愿它没有像杜高先生的档案那样被随意丢弃到旧货市场。

2016 年 3 月 7 日早晨，天空板着铅灰色的脸，不时有淅淅沥沥的细雨飞过，复兴中路上没有太多行色匆匆的人。进门，收伞，上楼，坐定。上海交响乐团的档案室。顾圣婴的档案，普通的牛皮纸面，静静地摆放在我的面前。并没有想象中的尘封土埋，更没有厚重得让人不敢揭开，如果那般的话，也许历史的帷幕可以掀开另外一角。黄色的封面上有"上海市文化艺术档案"的统一标识，显然是文艺单位的通用格式。从设计和内里的纸张来看，归档的时间并不很长，毫无历史档案的痕迹，尽管也少有人来翻看。封面右下角标有上海交响乐团、案卷号 B72、卷内号 3 的字样。心里陡然间有一种扑空的预感。细致地打开，一页页翻看，失望的心情潮水一样漫过来。这是一份被抽空的档案。须知在"文革"期间，几乎所有的档案资料都遭到破坏。过后我询问了一个常年做档案工作的人。他说"文革"过后，不少单位又做了一次档案清理，这也就使得原本在"文革"中遭到破坏的历史档案再遭破坏。如此，顾圣婴档案的缺失也就不奇怪了。想来她进入上海交响乐团以来一直努力，除了业务拔尖以外，其他方面也奋勇争先，所以才有了那么多的社会兼职。但在她的档案里我们连一份填好的表格都看不到。比如，她到上海交响乐团报到是什么日子？什么时间成为中国音乐家协会会员、共青团上海市文化局团委委员？诸如此类。那样的话还可以看到顾圣婴的亲笔字迹，也算是和她多了些许亲近。翻来倒去，除了一些复制的顾圣婴的照片，当年的获奖证书的复印件，少量赴香港演出的音乐会说明书，在她的档案里没有更多记载她身份和经历的东西。

按照记忆进行比对，档案里的照片应该都是公开发表过的，但仍然有几张引起了我的注意。头一张是 1959 年 10 月，顾圣婴一袭白裙的个人照，修长的身材，气度不凡。其实生活中顾圣婴衣着简朴，不讲究穿戴，从来不一个人上街逛商店买东西。母亲做什么衣服就穿什么，并不挑拣。"但是表姐随便穿什么都好看的"，她的表妹吴慎德如是说。第二张是 1962 年 9 月顾圣婴与原中央音乐学院副院长赵沨的合影，看得出她是化了淡妆的，也看得出她作为一个演奏家的修为和文化底蕴。从神态上可以看到赵沨对她的欣赏。再一张是 1979 年 1 月 4 日追悼会的现场，横幅上写有"顾圣婴同志骨灰安放仪式"的字样。这确认了她追悼会的具体日期。与会者都知道骨灰盒里面是空的，真正的骨灰早已不知去向。追悼会上有不少上海交响乐团的老同志，团长黄贻钧致的悼词。其他相关的报道均未见。档案里复印了一份举行顾圣婴同志骨灰安放仪式的通告，上写："原共青团文化局委员会委员、中国音乐家协会会员、著名青年钢琴家顾圣婴同志由于遭受"四人帮"、林彪反革命修正主义路线的迫害，不幸于 1967 年 1 月 31 日逝世。于 1979 年 1 月 4 日上午九时半在漕溪路 210 号上海龙华革命公墓大厅举行顾圣婴同志骨灰安放仪式，予以平反昭雪，恢复名誉。特此通告。"时间是 1978 年 12 月 20 日，署名上海乐团。我大致查阅了一些所谓的平反仪式文字,都是大而化之归结到林彪"四人帮"头上,而对于造成冤案本身的人与事从不追究,因此冤案的来龙去脉也就不了了之。

在资料少得可怜的档案里,有关顾圣婴演奏会的零星报道是过去没有见过的。几篇发黄的简报,不多的演奏会预告或者报道,主要是北京和上海两地的报纸。但这毕竟是历史的记录。当时的报纸依然采用繁体字。报道文字非常有限,一般不超过200字,也就是人们常说的豆腐块文章。所有的报道加起来不过七八篇的样子,可见当时对艺术家的演出报道相当低调。比如1963年3月13日《文汇报》载:"上海交响乐团青年女钢琴家顾圣婴17、18日将在上海音乐厅举办两场钢琴独奏会。"后面附带有几行曲目简介:上半场《鱼美人》《思凡》,下半场是李斯特的《匈牙利狂想曲》第十二首,《梅菲斯特圆舞曲》等。也有顾圣婴1962年夏天在北京、天津巡回演出的少量报道,《文汇报》《北京日报》《北京晚报》各一篇。因为剪报上没有日期,用红蓝墨水写在报纸旁边的日期,显然是后来添加的。对她的简历、获奖情况包括演出风格,尚有稍微具体的说明。6月7日的《天津日报》报道说,顾圣婴"从五岁开始学琴,受过较严格的训练。掌握了熟练的演奏技巧。她的演奏特点是感情真挚和富有诗意,风格具有细腻抒情的特色"。"感情真挚""富有诗意""细腻抒情",评价不多,却抓住了顾圣婴演奏的特点。即便从今天的观点来看,这样的乐评也是精准的。曲目也明显和上海不同。北京音乐厅增加了贝多芬的《月光》奏鸣曲,肖邦的B小调奏鸣曲。这些演出方面的事情在顾圣婴的日记中也有记载。比如1962年6月10日在天津音乐厅的演出,返场曲目中还有很少见到的俄罗斯作曲家斯克里亚宾的作品,而且两天里的演奏都差点出错,好在有惊无险。北京的媒体还提到顾圣婴将和中央乐团的星期音乐会合作钢琴协奏曲,曲目包括拉赫玛尼诺夫的第二钢琴协奏曲,以及圣桑和肖邦的第二钢琴协奏曲。"这些曲目将在中央乐团的第119(6月23日)和第120(6月24日)期星期音乐会上与首都观众见面。"她同宿舍的好友蔡馥如回忆说,顾圣婴与中央乐团交响乐队合作的肖邦第二钢琴协奏曲轰动了北京。这件事也从侧面反映了20世纪60年代初期,中央乐团还有正常的星期音乐会举行。

稍有价值的物件是档案第24—55页的复写文字,即"上海交响乐团抄家物资处理小组移交顾圣婴图书清单"。"抄家物资处理小组"的机构耐人寻味,由于上海交响乐团前后更换了几次团领导,无从知晓这个小组的成立年代、人员构成,都做了什么工作。这个长达三十多页的复写清单告诉了我们两件事、一是确认了顾圣婴及其家庭在"文革"中确有东西被查抄,不然不会发生书籍的退回。除了图书外,顾圣婴家还有什么东西被抄,退回的物品中有没有丢失与损毁不得而知;二是让我们有机会确切看到顾圣婴阅读图书的范围,对于坊间所传她具有深厚的文化艺术修养的说法可以加以佐证。

书单分为几类。政治读物自然是少不了,毛选、"老三篇"[1]之外还有雷锋、王杰日记。革命历史小说包括《暴风骤雨》《烈火中永生》《铁道游击队》《艳阳天》《把一切献给党》等,一个青年人在那样的时期不可能不读这些图书。何况在父亲遭到囚禁

---

[1] "文化大革命"中要求人人必读的毛泽东的三篇文章:《为人民服务》《纪念白求恩》和《愚公移山》,简称"老三篇"。

之后,顾圣婴为了摆脱这个"紧箍咒",在政治上比一般青年人更为积极要求进步。而真正能够显示顾圣婴阅读视野的,是文学艺术类的图书。在 20 世纪 50 年代,俄罗斯文学的影响自然是免不了的。书单上有列夫·托尔斯泰的《战争与和平》《安娜·卡列尼娜》《复活》,以及《俄国文学史》《外国文学史》。也有几册鲁迅读本的单行本。对于中国传统文化,顾圣婴也饶有兴趣。有全四卷本《红楼梦》,《元代杂剧》《中国书法源流浅说》《中国人物画和山水画》《白石老人》。钢琴家严金萱在回忆中提到,顾圣婴常说,人应该扩大视野,丰富生活,提高修养。从这些图书来看她的确是这么要求自己的。让我意外的是其中居然有一本《孙子兵法》,出于什么目的使得她对中国传统的兵书感兴趣,也颇让人费心思。后来从吴慎德女士那里得知,顾圣婴是练习过拳脚的,家里还专门请了师傅来教。当然这是为了强身健体。其他如《我的音乐生活——柴可夫斯基与梅克夫人通信集》《音乐美学问题》《苏联音乐问题》《列宁与音乐》《中国古代音乐史》《关于中国音乐史的几个问题》等读物也凸显了一个钢琴演奏家思考的深度与修养的厚度。让人惊奇的是,顾圣婴的读物中也涉及外国美术作品集,书单上至少有列宾、雷诺阿、卡纳莱托等人的画册,甚至还有匈牙利民间工艺美术集。难怪赵沨院长赏识地说,顾圣婴可以欣赏八大山人的画。

字典类的图书也占了很大一部分,至少有十数本。书单上列有《俄华词典》《俄华两用词典》《综合英汉大辞典》《简明英汉词典》《小牛津词典》《英华大词典》《韦氏英文词典》《音乐表情术语字典》。国内词典有《辞海》《辞源续编索引》。如果只是为应付国际音乐交流活动,恐怕没有必要预备这么多词典,而若要懂得钢琴谱上的标记,一本《音乐表情术语字典》足够。显然顾圣婴有提高自己外语水平的需求,从她的出访比赛日记中可见端倪。"吃早餐时读了一下评论(英语)……但每一篇都说到我的不足"。(1964年7月10日)"下午助使馆小徐翻译评论,我情绪很高,这是很好的复习外文的机会"。(7月15日)1959年和顾圣婴一起跟随苏联钢琴专家克拉芙琴柯学习的鲍蕙荞说,顾圣婴的英文很棒,跟苏联专家学习时又学习了俄文,清单上那两本《俄华词典》应该是那个时候买的。后来又听说她自学了德文。钢琴家殷承宗也回忆道,顾圣婴文笔好,外文也好,精通英文,俄文也不错,莎士比亚的原著她在中学时期就读过了。也看到有文章说顾圣婴可以读莎士比亚戏剧原著,想来不是空穴来风。至于还有多本《音乐译文》(人民音乐出版社出版)和外国乐讯也就不奇怪了。

仔细耙梳档案中存留的其他复印文章,对了解个别事情细节亦有所补遗。

一篇《著名女钢琴家顾圣婴之死》的文章,署名刘爱琴,档案里并未标记文章的出处。文章记述了顾圣婴具体的生日,即1937年7月2日8时20分。出生地是上海华山路红十字医院,如今的华山医院。顾高地和秦慎仪给女儿起名"可绚"。因其生性不哭不闹,母亲常称之为小天使。祖父顾莼湖为她改名为"圣婴",即取其天使般圣洁的意思。顾圣婴属牛,故小名"牛儿"。这个称呼只有家里人知道,外人很少有知。后来我从吴慎德女士那里证实了"牛儿"的称谓。这篇文章还提到,顾圣婴17岁时工资定为文艺七级(一说八级),1963年又提了级,相当于大学副教授。这种待遇在当时来说应该是不低的。吴慎德回忆说,顾圣婴的父亲顾高地在解放战争中就没有做事,一心一意培养女儿的音乐天赋;到50年代初期,全靠变卖家里的古董过生活。父亲被抓走以后,家里的日子更加局促,顾圣婴的母亲只好给人家做缝纫(上海话叫踏洋机)来补贴家用。到顾圣婴有了比较稳定的收入后,家里的生活才有了改观。而顾圣婴也就成了家里不可或缺的依靠。"文革"风暴来临,顾圣婴的工资肯定会和其他被批斗的人一样大幅削减,家庭收入陡然成了大问题。

档案里还有一篇过去没有见过的蔡蓉增的文章,其中提到了一件事。1981年(具体日期不详),也就是顾圣婴骨灰安放仪式后的不到三年的时间,蔡蓉增曾陪同顾高地到永安公墓去寻访妻女儿子的墓地。老先生怀着侥幸的心理,原本不该抱什么希望,但非要去找过才能死心。自然是没有任何结果的。据蔡蓉增回忆,回来的路上,顾高地的眼泪止不住地流淌。查阅顾圣婴档案的当天晚上,恰好在上海大剧院看巴赫的《马太受难曲》。描述耶稣殉难时刻的一句话一下子击中了我:"彼时日暮,天凉风起。"出戏的我联想到顾高地彼时的心绪,寻找妻子儿女骨灰未果,那种无助与凄凉,那种死灰的绝望。闭上眼睛,仿佛见到他苍老的面庞,还有老人家那颗濒停的心脏。

曾任上海交响乐团副指挥的陆洪恩的档案恰好和顾圣婴的放在一起,也就顺便看了。这个"文革"初期就遭枪决的人,按道理说档案应该有厚厚一叠,到我拿在手里便知,里面的内容甚至比顾圣婴档案中还要少。只有钢笔潦草抄写的陆洪恩的简历和一张照片,还有一张当年上海市人民政府任命通知书(市人字3572号)。上写"兹任命上海乐团交响乐队副队长兼副指挥。特此通知",签发人为当时的上海市市长陈毅,时间是1954年10

月 18 日。从这个时候起到 1964 年上海乐团到郊区奉贤县参加
"农村社会主义教育运动"（简称四清）他突发精神疾病，他的指
挥生涯也只有短短十年。"文化大革命"中，1968 年 4 月 27 日，
也就是林昭被杀害的前两天，上海市革命委员会在人民广场召
开公判大会，宣判了陆洪恩死刑，立即执行。枪决他的布告贴满
了上海的街头，上海电视台还转播了宣判大会的现场实况。陆
洪恩也是上海第一个被杀的知识分子。（有关陆洪恩的情况，王
友琴、刘文忠和铂程斋等已经有专门的论述文章。）

　　关于陆洪恩必须在这里说几句，毕竟他也是对上海交响乐
团作过杰出贡献的重要人物之一。早在 1951 年，陆洪恩就和黄
贻钧参加了电影《武训传》的电影音乐创作。当毛泽东发动全国
批判《武训传》时，两人都受到批判写了检查。陆洪恩十分懊恼，
还写了一首打油诗送给黄贻钧。翻看着档案里为数不多的几张
纸，尤其是陆洪恩和罗马尼亚作曲家门德尔松切磋音乐的照片：
彼时他的时光和他脸上的优雅一样美好。照片上，陆洪恩坐在
一把椅子上，右腿翘起，手里惬意地夹着香烟，门德尔松站在陆
洪恩的侧面，右手勾着陆洪恩的脖子，两人亲切地研习着小开本
的总谱，气氛融洽友好。时间定格在 1958 年的 1 月。那个年
代，和顾圣婴一样，陆洪恩也积极投身到社会主义的艺术实践，
不但下厂下乡，还努力进行创作。由于团长黄贻钧经常出国，陆
洪恩就成了常务副团长，忙于乐团的日常工作而少有创作机会。
然而他还是决心要为迎接建国十周年写一部管弦乐作品。他的
儿子陆于为在《我记忆中的父亲》一文中，这样记载父亲在家里
埋头创作管弦乐《年年欢》的情景：

　　那些日子父亲每天翻阅乐谱,苦思冥想,简直到了如痴如醉的地步。记得有一个星期天,全家聚在一起高高兴兴地吃饭。父亲很爱喝酒,每顿饭他少则几两,多则半斤。这时,只见父亲举着高脚酒杯,品尝着我刚给他拷来的七宝大曲,忽然间他竟把筷子当作指挥棒挥动起来,越来越起劲,不时用手把一撮头发撩到脑后。到了乐曲高潮时,居然流下了眼泪……

　　经过近一个月的努力,大型管弦乐《年年欢》终于写完。1959 年 10 月 1 日,陆洪恩指挥上海交响乐团,为共和国的生日演奏了这部乐曲,电台还进行了实况转播。

　　旧事多年情未改,忽闻春雨忆当年。窗外天空黯沉,细雨迷茫,一时不知今夕何夕,忽然想听陆洪恩的指挥录音。我想那个年代该是有的。就在这篇文章即将完成之时,一次偶然的聊天,宁波朋友贺秋帆告诉我说,他在宁波电台做"中国交响乐的发展"节目的过程中,曾经播放过上海交响乐团的唱片,其中就有陆洪恩指挥的作品。看我要得着急,他把节目的录音用手机给我传过来。声音一出,喜出望外。通过 QQ 上传的图片,方知这是一张 20 世纪 60 年代出品的黑胶唱片,由中唱公司出品。唱片编号为"2-2331 申(586268)"。曲名是根据新疆民歌改编的《送我一枝玫瑰花》,黎锦光编曲。后又得知,武汉的胡发云先生在一次清理老唱片过程中,也发现了一张陆洪恩指挥的《团结舞》。从顾圣婴和中央乐团星期音乐会的合作,到陆洪恩指挥的唱片发行,可见在"文化大革命"前,虽说文艺界风雨飘摇甚至凄风苦雨,虽然上海交响乐团也在自己的后院里建起大炼钢铁的小高炉,乐队演奏员也到无锡柴油机厂去演出,到宝山县罗店农村去慰问,到上海各个区县参加社会宣传活动,但正式的演出、录音,还是有基础的保障。曾几何时,黄贻钧、陆洪恩,这些纯粹的艺术家有过勃勃雄心,他们信心满满地希望,经过他们的努力,可以让中国的交响乐上一个更高的台阶。从 1957 年"反右"到 1963 年之间,两人都主张"指挥负责制","争取在十年后(指 1972 年)参加布拉格之春音乐会"。陆洪恩更天真地提出,乐团每天五小时的业务活动时间全部由指挥来支配安排,以期获得更多的排练时间。冰冻三尺,非一日之寒。现在看来,陆洪恩在"文革"期间遭遇杀身之祸也非偶然。早在 1962 年,在乐团学习讨论《在延安文艺座谈会上的讲话》时他就放了炮:"是贝多芬面向工农兵,还是工农兵面向贝多芬呢? 我看应当是工农兵面向贝多芬。工农兵应该提高自己的文化艺术修养,逐步熟悉交响音乐。"这样的主张显然和毛泽东的"文艺为工农兵"的方向背道而驰。当运动到来的时候,乐队队员们泥菩萨过河,自然需要明哲保身,这些观点很快就到了上峰的耳朵里,自然也就成了陆洪恩的罪名,被扣上"刻骨仇恨工农兵""疯狂排斥党对文艺事业的领导"的帽子,也就不奇怪了。最终在那场史无前例的文化绞杀中送了命。

一切都是因缘际会。就在厦门的朋友给贺秋帆寄来陆洪恩唱片录音的时候,我也辗转收到顾圣婴 1958 年在世界青年钢琴比赛中的三个珍贵录音。几年前,中央音乐学院的资料室内偶然发现了当年莫斯科世界青年联欢会顾圣婴钢琴的录音。由于旋律公司在十多年前已经把不少版权卖给了 BMG 公司,很多录音已经不在。更何况不是本国钢琴艺术家的录音,就更没有人在意。在王时老师和柯辉先生的帮助下,这个苏联旋律公司出品的黑胶唱片让我们听到状态最佳时顾圣婴的演奏录音。在顾圣婴去世50周年之前,能见到听到这个录音应该是天意。三首作品为:肖邦《谐谑曲第三号》,Op. 39,弗拉基格洛夫《幽默曲》,拉赫玛尼诺夫改编的门德尔松《谐谑曲》(选自《仲夏夜之梦》)。很多年后,一些顾圣婴的旧好仍能回忆起莫斯科世界青年联欢节上她的出色表现。经由拉赫马尼诺夫改编的门德尔松的谐谑曲,是考验密集音群手指快速跑动的经典。洪士䤚先生说:"顾圣婴弹得流利轻巧,犹如微风掠过树叶。"倪洪进先生竟然从中感到"一种近似仙气的东西"。正如赵越胜先生所言,要在快速跑动中表达诗意,表达出密集音列的色彩和亮度的明暗对比,非心中有诗不可。同样,唯心中有诗,才能听得出来,感觉得到。

联想到前文说的"杜高档案"。十二年的牢狱之灾,让杜高由一个活泼爽朗的青年,变成了一个寡言木讷的中年人。用他自己的话说,变成了"一个世故的人,一个学会了应付周围环境的人,一个没有表情的人,一个被贫穷折磨得衰老的人,一个外表显得老实可怜而内心一直在用力压抑着情感的人,一个虚假的人"。电影《归来》开拍前,陈道明来请杜高先生吃饭,向他请教劳教生活的点滴细节,为塑造陆焉识这个角色做功课。及至看过电影,杜高的妻子感慨地说,陆焉识人回来了,可那个年轻人回不来了,那个时代回不来了,爱情回不来了。"没有归来。"

对于顾圣婴、陆洪恩这些横死的人,生命无法逆转,他们无法"归来"。然而他们的艺术还在,他们的唱片录音还在。这个民族的健忘症让很多年轻人不知"文革"为何物,更不知"文革"所造成的民族的巨大损失,包括物质的损毁和精神的创伤。正因为如此,耄耋之年的杜高先生表示,"我愿意袒露我所有的难堪,连同屈辱、过错和丑恶,把真实的时代和人的经历告诉你们,告诉下一代"。只有让下一代记住不该忘却的历史,悲剧才不会重演。作为受害者的杜高先生尚有如此的胸怀,那些施暴者、施虐者、落井下石的人情何以堪。朱学勤在《我们需要一场灵魂拷问》里写道:"我们生活在一个有罪恶,却无罪恶意识;有悲剧,却没有悲剧意识的时代。""在这片乐感文化而不是罪恶文化的土壤上,只有野草般的'控诉'在疯长,却不见有'忏悔的黑玫瑰'在开放。"一直以来,顾圣婴自杀事件的参与者从不公开出来忏悔、谢罪,哪怕只是说明事实。他们宁可背负骂名,宁可灵魂得不到饶恕也三缄其口。处在特殊的历史时期,他们或许认为,"我们被灌输了种种口号,被仪式和游行冲昏头脑,人们告诉我们,唯一的正义是我们人民的进步,唯一的事实是领袖的指示"。(莱维:《被淹没的和被拯救的》)于是在心理上,他们理所当然地可以把罪名推到当时的各级决策层。为了逃避有罪记忆,"有人故意说谎,冷静地编造事实,但多数人则拔锚起航,暂时或永久地远离真实的记忆,为自己编造一个方便的事实"(同上书)。对他们而言,过去成了一种负担。退而言之,也许他们根本不认为自己有什么过错。说来上海音乐圈里的关系盘根错节,很多家庭是几代的音乐工作者,相互之间很熟悉,或有一定的利害关系,即便旁观者也都不愿意出来指认事实,认为当事人年纪大了,那些不开心的事情还是不要提了,归根到底是不光彩的事情,再说有的人都已经过世了。"文革"初期上交的造反派也是很出风头的。某君是 1958 年上海音乐学院的干部进修生,业务不错,政治上善于钻营,"文革"一来自然就成了"四人帮"上海代理人的红人。到了70年代初期升任上海市文化部门的高官，后又被内定任于会泳的文化部部长位置，前途无量。另外一个人牵涉到一篇题为《黄晓同在病榻上的回忆》的网络文章。文章先是受到高度重视，因为黄先生人之将死，不愿意把某些历史的真相带进坟墓。然而不久便被封杀，显然黄先生说了绝命真话，惹了某个年事已高的当事人。这位老先生见过也做过不少事情，坊间都说顾圣婴的事情他也难脱干系。在2001年上海音乐出版社出版的那本《钢琴诗人顾圣婴》中也有他的文章，仔细阅读后不难发现，这篇不得不应景的文章写得差强人意。其他当事人的眉目也逐渐清晰起来，比如当初跳出来打顾圣婴耳光的那个"壮汉"，曾经是乐队弦乐声部的演奏员（兄弟俩都是），因为人已经故去，家里人也不愿意旧事重提。凡此种种。也许还有其他的人知道更多真相，希望他们能够坦然面对过去，尽早说清事实真相。哪怕是作为口述实录保留下来也是好的。如果有朝一日作古，那么后来者就被模糊的历史所遮蔽。而历史的教训是须臾不可忘记的。

直到现在，社会上还在反复提倡讲真话。巴金的《随想录》没有责问历史和整个社会，不时还为自己的行为或内心感到羞愧；他说历史不需要再去揭伤疤，不需要再现当年的苦难和疯狂甚至口诛笔伐。对这个说法我是持保留态度的，忏悔和反思并不意味着要做以眼还眼、以牙还牙的清算，而是要还历史以本来面目。谁有权利代表那些被施虐者和被施暴者去宽恕那些施虐者和施暴者？苏珊·桑塔格说，作家的首要职责，不是发表意见，而是讲出真相，拒绝成为谎言和假话的同谋。记录大屠杀的作者莱维说，我们乃在他人的脸上看到自己的责任。这话说到我心里。很多时候,文学的责任或者说文字的责任,就是要在面目尚且不清晰的历史中努力刻写一个本来的样貌。

陆洪恩也好顾圣婴也好,但愿那些不安的魂灵不会就这样消失在历史的迷雾中。

逢顾圣婴五十周年忌日、八十周年冥诞,是为祭。

曹利群

2016 年 3 月初稿于上海

2017 年 2 月修改于北京

附录一　顾圣婴生平年表

1937 年 7 月出生于上海愚园路岐山村 7 号

1940 年 9 月入中西附属二小幼儿园

1942 年 9 月—1947 年 9 月获钢琴奖学金,就读中西附属二小,并获历年首奖及琴科奖学金

1948 年 9 月入中西女子中学

1953 年 4 月 25 日首次参加音乐会演奏

1954 年 10 月高中毕业,入上海交响乐团交响乐队,任钢琴独奏演员

1955 年 2 月 26 日在上海艺术剧场由华东音乐家协会主办首场个人钢琴独奏音乐会

1955 年 12 月—1957 年 7 月赴天津中央音乐学院学习,师从苏联钢琴家塔图良教授

1957年7月—8月参加第六届世界青年联欢节,获钢琴比赛金奖(郭淑珍获声乐比赛金奖,苏联为其二人出版发行唱片一张)

1957年10月赴北京学习,师从苏联著名钢琴家塔·克拉芙琴柯

1958年3月—5月参加第一届柴科夫斯基国际音乐比赛

1958年9月—10月参加第十四届瑞士日内瓦国际音乐比赛,获女子钢琴最高奖(意大利钢琴家波利尼获男子钢琴最高奖)

1958年12月加入中国音乐家协会

1959年4月29日加入中国共产主义青年团

1959年5月4日被共青团上海市委评为上海市先进青年,获"五四"纪念奖章

1960年6月毕业于中央音乐学院,获钢琴本科毕业证书

1960年2月—3月参加第六届波兰肖邦国际钢琴比赛

1960年3月—6月赴波兰、保加利亚、匈牙利巡回演出

1961年1月—2月随上海青年演出团赴广州演出

1961年3月18日在上海举行个人独奏音乐会

1962年5月参加第三届"上海之春"演出

1962年6月9日—10日在天津举行独奏音乐会

1962年9月随中国青年音乐家演出团访问香港、澳门,在香港大学陆佑堂举行独奏音乐会

1963年5月参加第四届"上海之春"演出

1963年8月3日在上海音乐厅举行个人中国钢琴作品音乐会

1964 年 2 月 29 日在北京音乐厅举行个人独奏音乐会

1964 年 4 月 15 日在中央音乐学院礼堂举行独奏音乐会

1964 年 5 月 2 日—5 月 30 日在比利时布鲁塞尔参加伊丽莎白皇太后国际钢琴比赛进入前十名并获奖

1964 年 6 月 16 日—7 月 16 日赴比利时、荷兰、芬兰等国举行音乐会

1964 年 10 月—11 月随上海青年音乐家演出团赴广州演出，举行个人独奏会

1965 年 5 月参加第六届"上海之春"演出

1967 年 2 月 1 日与母亲、弟弟逝于上海家中，英年 29 岁

附录二 师友谈顾圣婴

顾圣婴在音乐理论的学习中也充分显露出她的音乐才华，每次作业，她都能将学到的音乐规程、原理与音乐结合得十分贴切。某次在作曲的作业中，我让她把莫扎特的某一钢琴协奏曲中第一乐章的华彩乐段改写成一个新的华彩乐段，提示她可以采用莫扎特其他钢琴作品中的典型片段作为素材，但不能是简单的拼凑，而是要求写成非常完整且能显示演奏技巧的完美作品。要达到这些要求是有一定难度的，但是这并没难倒顾圣婴。她不仅按时完成了作业，而且完成得十分出色！从她的作业可见她是在透彻地领会了莫扎特作品精髓的基础上，结合了莫扎特的风格特点来构思这个作业的，这次作业还体现了她对音乐作品的内在逻辑性的把握已趋于完美，她对音乐的理解程度也提高到了较高的水平。

——马革顺

我最初见到圣婴，是在 1953 年 4 月上海交响乐团举行的莫扎特作品音乐会上。当时她只有 16 岁，担任这场音乐会指挥的是杨嘉仁教授。前半场是《费加罗的婚礼》序曲和莫扎特《第三十九交响曲》，后半场是莫扎特的《d 小调钢琴协奏曲》，圣婴担任钢琴独奏。幕启时，一个穿着白色绸衬衣和藏青色呢裙子的女孩子，从容地走向那架大钢琴。乐队开始演奏了一段引子，悠扬清脆的琴声便响了起来，长长的一大段独奏，演奏得那么娴熟，音色那么和谐，感情那么自然，深深地吸引了我。一个女孩子，琴弹得这样明澈丰满，真不容易啊！而给我印象最深的是第三乐章，演奏得那么热情奔放，几乎有贝多芬作品那样的气势。

——李嘉禄

记得在香港演出的时候，除了参加综合音乐会的独奏节目以外，她还加演了一场钢琴独奏会——德彪西作品专场，那时她正在研究印象派的风格。后来，她在北京开过一场李斯特作品专场，有意扩大自己的力度幅度和表现范围，因为她原来表演风格的特长是抒情细腻、灵巧华丽，擅长演奏莫扎特和肖邦。她第一次参加国际钢琴比赛获金质奖章的时候，就是靠她精彩的手指技巧取胜的，那时她演奏的门德尔松《仲夏夜之梦》中的《谐谑曲》(由拉赫玛尼诺夫改编)和弗拉基格洛夫的《幽默曲》给人们留下了难忘的印象。

——周广仁

除了技术"轻功"外，顾圣婴的演奏还有一个主要特点，她的演奏非常抒情、诗意，如要对她的演奏作一个定义，那就是："她既是一位出色的'轻技术'型的钢琴家,又是一位卓越的抒情、诗意的钢琴家,在这两方面,她达到了完美的结合和统一。"她的演奏在音乐表现上,使人感到十分自如、自然、流畅、舒适,充满深情和激情,充满意境和美感,使听众深深被打动,倍感激动和感动。在她弹奏过程中,听众的思绪能一直被她的琴音紧紧抓住、吸住,深深落入她的音乐境界之中,得到充分的艺术享受。

严格地说,顾圣婴不是属于那种纯理性化的钢琴家。钢琴家的演奏是有不同类型的,有些人更偏重感性化一些,有些人更偏重理性化一些,我认为,顾圣婴是一位既有感性又有理性,而感性更多一些的充满深情、激情和富有诗意的钢琴演奏家。

——刘诗昆

我和顾圣婴最后一次见面,情景历历如在眼前。

那是在 1967 年初,她在北京。在她要回上海去的前一天,她来到我家,我们谈了整整一天。主要谈搞创作,比如越南的小曲《南方来信》《纺织女工》等。当时,我们思路尚不清楚,只有热情。我相信,如果她不早早逝去,最终会和我一样转向京剧,搞创作一定也能出成绩。虽然"文革"压力大,但我们决不放弃钢琴,这是我们的志向。记得那天特别寒冷,零下 20 度,我们在厨房里开煤气取暖,但我们谈得很热烈,并且充满信心。她离去时,我把全套下乡用的棉衣棉帽都让她穿戴走了。这是我们的诀别。她回去后不到一个星期就不幸去世。我痛失了一个同行,一个真正的朋友。"文革"后,我多次梦见她,她好像还活着,就在 1957 年天津时她的琴房里,有说有笑……

——殷承宗

听圣婴那种潇洒、灵动的演奏，一般人都会认为她是那种不需要太刻苦练琴就能弹得很好的"天才型"演奏家。诚然，圣婴有着天才钢琴家所必须具备的一切素质：绝好的音乐感、充满灵秀的演奏气质，一双匀称柔韧又机能极好、对各种钢琴都能迅速适应和掌握自如的手以及惊人的记忆力。即使在当时中国钢琴家的圈子里，对她过人的聪颖，也是无人不钦佩的，但圣婴从来没有以这些与生俱来的条件自倨自傲，相反，她的刻苦、勤奋、谦虚在圈内是有口皆碑的。

圣婴练琴的刻苦、勤奋和她的才能同样惊人。她每天从早到晚十分投入地练琴，常常一边弹、一边唱，不是那种"美声"的歌唱，更确切地说，是从喉咙和胸腔里发出的一种声音。这种声音虽不悦耳，但可以感到，即使只是自己练习，圣婴也是用心、用情在弹。而且她练得十分细致、认真，不满意之处，她会一句一段练上一天。像肖邦的《练习曲》（Op. 25 No. 7），第一句左手的旋律对于圣婴那种善于抒情的钢琴家来说应当是信手拈来之事，但听殷承宗说，圣婴竟将这句左手旋律练了整整一天！

——鲍蕙荞

1956 年，她跟塔图良专家学习一年后，到莫斯科参加国际青年学生联欢节钢琴比赛，她弹了肖邦《练习曲》（Op. 10 No. 4）和《仲夏夜之梦》，《练习曲》弹得既流利又轻巧，犹如微风掠过树叶；《仲夏夜之梦》中的《谐谑曲》则弹得玲珑精致，光彩夺目，像小精灵在琴上舞蹈。她弹完后，演奏厅内掌声雷动，最后，评委评定她荣获金奖。这是新中国成立后第一位不满 20 周岁的女青年获得的第一枚金质奖章。

——洪士銈

在莫斯科音乐学院的小礼堂，我听到了顾圣婴的演奏。第一轮，顾圣婴弹的两首肖邦练习曲一上来就征服了全场。三首练习曲在她手下全无技术难题的痕迹，我们听来就好像夏日啖冰，全然美妙的享受。而第四首练习曲，她处理得和一般的很不一样。她速度极快，力度除了几处 sf（尤其开头）以外，全曲极轻，疾驶而过，通过几处极强的 sf 带动大片细密的急速音列，达到劲风凌厉似的戏剧性效果，完全不同于一般那样强调 con fuoco，顾圣婴弹起这首练习曲来给人以新的感受。而规定曲目——由拉赫玛尼诺夫改编的门德尔松的作品，她把管弦乐作品中那种精灵仙子的意境表现得惟肖惟妙。

——倪洪进

圣婴常常会讲到专家课后的收获和自己的问题所在，有时我们也会讨论各种各样的课题。有一次，圣婴讲到专家在解释巴赫《c 小调前奏曲与赋格》时，要演奏者体会犹如一个人一直走向塔顶的感觉。这种论点当时听来似乎很抽象，但经过不断的琢磨研究，我们终于理解到巴赫音乐中强烈的宗教性质，领悟其音乐具有的崇高、纯洁以至顶礼膜拜的特性。我们离巴赫当时的生活是那么遥远，要演奏好巴赫的音乐，就必须去理解它、感觉它。后来，专家表扬圣婴，说她听到了圣婴巴赫音乐中的神圣性。

——应诗真

顾圣婴是我第一个钢琴学生，我是她的钢琴启蒙老师，我们薛家和她母亲三姐妹是最熟悉的了,她的大阿姨是我大姐薛德明最要好、最投契的同窗好友。当时圣婴常随着她大阿姨到我家来玩。有一次,她与大阿姨又来我家玩,那时我正在练习弹琴,本来在玩耍的她听见琴声即跑向我琴房,站在那儿聚精会神地听啊听啊,一站就站了好久。其实,我弹的或许是对她来说毫无兴趣的乐谱,根本没有儿童歌谣的曲调,可是她竟听得那么有劲,那么有同感,那么有兴趣地安静地听着,琴声似有魔力般地吸引着她。其实我弹得并不好,只是钢琴科中一名小学生而已,当我停止弹琴时两眼注视着她,看到她的两眼还是紧盯着琴键。啊!我内心好激动,从未看到一位天真烂漫、活泼可爱的女孩子竟会对琴声如此着迷。随即我弹了些童谣歌曲,她竟会拍手附和。后来我把牛宝如何对钢琴有爱好的事对她大阿姨说,当然大阿姨也会回去对牛宝的妈讲,她们姐妹俩都觉得牛宝或许对钢琴有特殊的爱好和兴趣,所以牛宝来我家次数也有所增加,有时她会面带微笑,手指也会颤动着,最初我教了她一个"中央C",我相信这"中央C"在她心中永远也不会消灭,它是她生活的"里程碑"。以后我即为圣婴家买钢琴,我特地请我的钢琴老师杨嘉仁教授陪同前往去选钢琴。从此,顾圣婴就成了我的第一个钢琴学生,我也就成了她的启蒙老师了。

——薛永明

记得有一次我在南大楼的104琴房上课,那天外面下着大雨,顾先生是打着雨伞来的。那次课主要弹拉赫玛尼诺夫《幻想曲集》的第一首《悲歌》,第二首《前奏曲》和第三首《旋律》,我弹时,先生背对着我站在窗户前,她那样听我弹琴是第一次,我心里很激动。弹完琴,她较满意我弹的第二首。那天,她没有坐在第二架钢琴的椅子上,而是一直站在我弹的那台三角钢琴旁,讲了很多,她当时说话的神态我至今记忆犹新。那天,她借着拉氏的前奏曲讲了很多哲理性的话:"要学好一首作品,首先除了正确熟悉乐谱外,最主要的是理解作品讲了些什么,什么样的音乐形象和情感,然后是用什么样的手段和技巧把它表达出来,音乐就是要用音乐的语言表现你要讲的话。首先你要有话讲才可以,不然就没意思。"

——马秋云

她的钢琴独奏会大受欢迎也是情理之中的。然而她却不止一次地对我说:"我觉得自己的钢琴演奏有许多不足,在弹奏的力度、音量上,不如刘诗昆、殷承宗,缺少翻江倒海的气势,缺少荡气回肠的辉煌,我要加强练习,要好好向他们学习。"我分明感到一个柔弱的女孩子的自知之明。艺术上的失败莫过于不自知,圣婴能如此虚怀若谷,正是她艺术上自胜自强的表现,我由衷地感佩她、敬重她。

——郭淑珍

她把刚写好的日记给我看,日记的第一部分写了演出时间、地点和曲目,第二部分小结演奏曲目的优缺点,如她总结贝多芬的《月光奏鸣曲》:"总的比台下好,特别集中,在风格上比前次显得古典化些,在意境上有些新东西,有自己果断的奏法与处理,而且做出来了,当然还可以更好,一、二乐章的技术都值得不断磨炼。"又如她写到肖邦的《b小调奏鸣曲》:"打了折扣,或许由于演奏贝多芬高度集中所致,开始手有些抖,第二乐章开始在技术上还不完善,后面较好;第三乐章由于钢琴音色的关系,因而不能超脱、清雅;第四乐章较好,一气呵成,色彩鲜明,情绪饱满。总的说:第一乐章交响性与构思的严谨性要加强,第二乐章要更轻盈透明,技术上还要好,第三乐章多多体味意境,注意布局起伏,第四乐章锻炼技术。《鱼美人》没有达到高水平,未发出奇异光彩。"顾圣婴留下厚厚的一本日记,是她攀登艺术高峰留下的坚实脚印。

——严金萱

听她上课弹肖邦的乐曲是一种艺术享受。由门德尔松作曲、拉赫玛尼诺夫改编的《仲夏夜之梦》是她参加第六届世界青年联欢节音乐比赛拿金奖的重点曲目,塔图良专家特地为她挑选这首曲子,以发挥她的轻功特长。她把那些在仲夏夜间出现的可爱的小精灵描绘得栩栩如生。同样,德彪西的《快乐岛》是她拿日内瓦国际音乐比赛最高奖的重要曲目。这首根据法国画家华托的名画《向齐特岛驶去》写的印象派名曲,她几天就学会了,演奏得很妙,既体现了空气和水的自然景象,又揭示出风韵优雅的社交男女的思想感情。记得克拉芙琴柯说过,钢琴弹得有音乐感远远不够,弹得富有诗情画意才算高明。顾圣婴是一位不可多得的钢琴诗人。

——刁蓓华

舒曼—李斯特　奉献

作品 25 No. 1

顾圣婴演奏